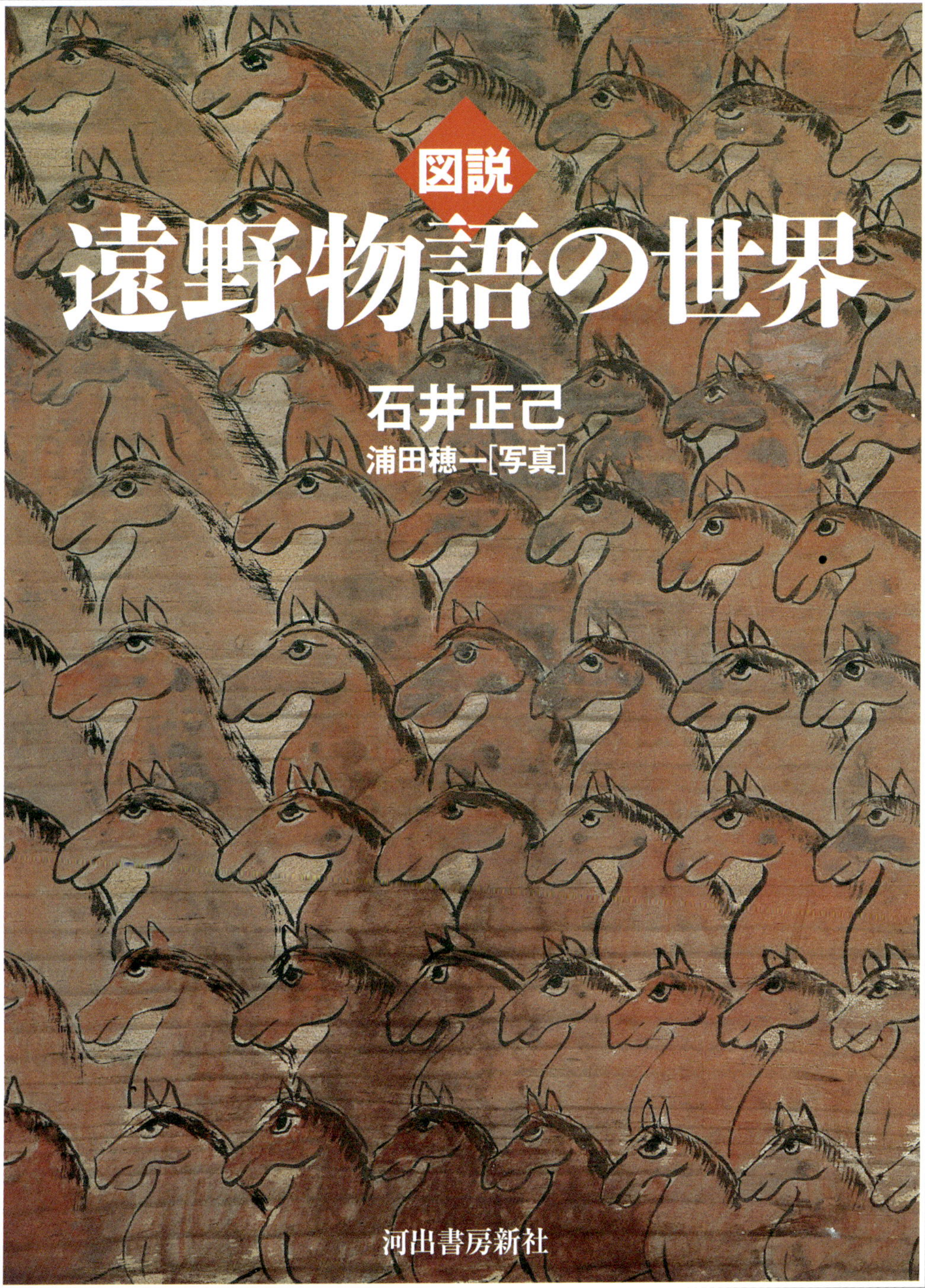

図説

遠野物語の世界

石井正己
浦田穂一［写真］

河出書房新社

遠野物語の世界●目次

『遠野物語』の世界へ

遠野は岩手県の中央部に位置する地方都市である。周囲を山々に囲まれた盆地であり、大昔には湖の底であったという伝説がある。近世には遠野南部氏の城下町として栄え、内陸と沿岸を結ぶ中継地として賑わった。そうした人と物の集散地に、神、妖怪、家々の伝承など数多くの話が語り伝えられた。

　そうした話を豊かに持った人に、遠野の東北部に当たる土淵《つちぶち》に生まれた佐々木《ささき》喜善《きぜん》がいた。喜善は小説家になることを夢見て上京し、多くの仲間と交際した。ちょうどそうした時期に、柳田国男《やなぎたくにお》は、地方に今なお古い文化が残ることに注目し始めていた。この二人が出会い、ひたむきな情熱を注いでできあがったのが、『遠野物語』である。

　以来九〇年が経ち、まもなく一世紀になろうとしている。その間に人々の意識も少しずつ変わり、また一方で、かつての生活がわからなくなろうとしている。本書は、写真と資料を使い、『遠野物語』の成立と、そこに語られた世界を明らかにしてみたいと考えて編んだものである。この一冊が『遠野物語』への道案内になれば幸いである。

凡例

一、「遠野物語」は初版を使い、「遠野物語拾遺」は昭和一〇年の増補版を使った。

一、「遠野物語」は〇〇話、「遠野物語拾遺」は拾遺〇〇話と表した。

一、初版の振り仮名は片仮名だが、平仮名に改めた。振り仮名を振る際、新たに付け加えたり、削除したりしたところがある。また、旧漢字は新漢字に改めた。

一、現在では差別的な表現も含まれるが、原典を尊重したところがある。

一、引用文献は参考文献に示した。

柳田国男の遠野紀行

明治四三年六月に刊行された『遠野物語』初版本の序文は、洗練された名文として知られる。長くはない文章だが、最初に聞き書きの経緯を述べ、次に明治四二年八月、遠野を訪れた時の印象を鮮明に書きとめ、そうした体験を踏まえて、発刊の意義は「目前の出来事」「現在の事実」をまとめた点にあるとする。特に第二段落は、一冊の序文という位置から切り離して、一編の紀行文として読むことができる。

実際、この一節は、大正六年、新潮社編輯部が『ポケット紀行文粋』（新潮社）を編集した時、「遠野の印象」と題して収録している。また、大正九年、柳田国男の親友であった小説家・田山花袋は、『旅と紀行文』（博文館）を編集した折、序文全体を「遠野町の伝説」と題して収録した。刊行後しばらくしてから、この一節だけが『遠野物語』本体を離れて、紀行文として流布したのである。

地元・遠野にあって研究を始めた高柳俊郎は、柳田の遠野旅行を徹底的に調査して、労作『柳田国男の遠野紀行――遠野フォークロア誕生のころ』を著した。地の利を生かして、序文の第二段落の記述を丹念にたどって検証している。そして、「この初版本序文は、まさしく写実である」という結論に至り着いたのである。

この成果に導かれつつ、この一節を追ってゆくことから、『遠野物語』の世界に入っていきたいと思う。

昨年八月の末自分は遠野郷に遊びたり。花巻より十余里の路上には町場三ケ所あり。其《その》他は唯《ただ》青き山と原野なり。人煙の稀少なること北海道石狩の平野よりも甚だし。或《あるい》は新道なるが故に民居の来り就ける者少なきか。遠野の城下は即ち煙花の街なり。

鍋倉城址より六角牛《ろっこうし》山を見る

花巻と遠野の間にある町場三カ所とは、土沢《つちざわ》、宮守《みやもり》、鱒沢《ますざわ》を指す。東北本線が開通してから新道が造られたが、人の住む気配は稀だった。この時、まだ軽便鉄道は通っていない。そうした道を、柳田は人力車に乗ってやって来たのである。後に、この経験を、「村と村との間の距離の遠いのには驚きました」（柳田・伊東圭一郎「民俗学と岩手」）と回想している。そうした青山と原野しかない山中に、突如現れた町場が遠野であった。遠野は江戸時代、南部家一万石の城下町として栄えたところだった。そうした遠野の印象を、「山奥には珍らしき繁華の地」（一話）とも、「煙花の街」（華やかに賑わう街）とも表現したのである。

馬を駅亭の主人に借りて独り郊外の村々を巡りたり。其《その》馬は黔《くろ》き海草を以て作りたる厚総《あつぶさ》を掛けたり。虻《あぶ》多き為なり。

明治・大正期の高善旅館　柳田国男は明治42年8月23日から26日まで、高善旅館に滞在した。

柳翁宿　旧高善旅館をとおの昔話村に移築した。

駅亭（宿場の旅籠）は、柳田が宿泊した高善《たかぜん》旅館のことである。この頃の高善は、「近年の建築なるを以て清潔なり」（鈴木吉十郎『遠野小誌』）と批評されている。その時の主人は、この旅館を創業した高橋善次郎であった。善次郎は材木商・生糸商などの事業を手広く営み、旅館業にも進出していた。柳田は彼から馬を借りて、郊外を巡ったのである。馬には、虻除けのために、海草で作った厚総（馬の頭や胸・尻に掛ける飾り。土地ではアッシという）が付いていた。海草の厚総を使っているところに、海岸との交易の一端を垣間見ることができる。

柳翁宿の2階客室

高善旅館創業者・高橋善次郎　柳田国男は高橋善次郎に馬を借りて、郊外の村々を巡った。

猿ケ石の渓谷は土肥えてよく拓けたり。路傍に石塔の多きこと諸国其《その》比を知らず。高処より展望すれば早稲正に熟し晩稲は花盛にて水は悉《ことごと》く落ちて川に在り。稲の色合は種類によりて様々なり。三つ四つ五つの田を続けて稲の色の同じきは即ち一家に属する田にして所謂名処《みやうしよ》の同じきなるべし。小字より更に小さき区域の地名は持主に非ざれば之《これ》を知らず。古き売買譲与の証文には常に見ゆる所なり。

「山神」の石塔（綾織町）　愛宕《あたご》神社（本書82頁）の入口の風景。

猿ケ石川のせせらぎ　愛宕橋から遠野市内を遠望する。

猿ケ石の渓谷が肥沃であり、路傍に石塔が多いという印象は、遠野の奥・附馬《つきも》牛《うし》に行った時の経験だろう。『遠野物語』の九八話には、「路の傍に山の神、田の神、塞《さえ》の神《かみ》の名を彫りたる石を立つるは常のことなり」などとある。さらに柳田は、高処から展望して、早稲や晩稲、さらには稲の色合の違いに気がついた。「名処」とは「水田などでも五枚三枚と一かたまりになつて所有者も一つで稲の種類も同じくする」（柳田『地名の研究』）ところであった。稲の実りゆく風景と、持ち主しか知らない小地名の関係に思いを馳せていたのである。

附馬牛《つくもうし》の谷へ越ゆれば早地峰《はやちね》の山は淡く霞み山の形は菅笠の如く又《また》片仮名のへの字に似たり。此《この》谷は稲熟すること更に遅く満目一色に青し。細き田中の道を行けば名を知らぬ鳥ありて雛《ひな》を連れて横ぎりたり。雛の色は黒に白き羽まじりたり。始は小さき雞《にはとり》かと思ひしが溝の草に隠れて見えざれば乃ち野鳥なることを知れり。

上：早池峰神社の本殿（附馬牛町）　猟師・藤蔵《とうぞう》が神霊を祀ったのが始まりと伝えられる。
下：早池峰古道跡（土淵町）鳥居の左の石碑は「金比羅大権現」。

早池峰山（附馬牛町）　荒川高原から見たところ。

早池峰の形が菅笠のようで、片仮名のへの字に似た姿だったというのも、附馬牛に入った時の印象だろう。そして、峠一つ越えただけでも、稲の熟するのが遅いことを実感したのである。附馬牛は、遠野でも寒冷の地であった。こうして見てくると、柳田が記述したのは、「山」「稲」「鳥」といった自然、植物、動物であったことに気がつく。

天神の山には祭ありて獅子《しし》踊《をどり》あり。茲《ここ》にのみは軽く塵たち紅き物聊《いささ》かひらめきて一村の緑に映じたり。獅子踊と云ふは鹿の舞なり。鹿の角を附けたる面を被り童子五六人剣を抜きて之《これ》と共に舞ふなり。笛の調子高く歌は低くして側にあれども聞き難し。日は傾きて風吹き酔ひて人呼ぶ者の声も淋しく女は笑ひ児《こ》は走れども猶《なほ》旅愁を奈何《いかん》ともする能《あた》はざりき。

菅原神社の参道(附馬牛町)

菅原神社の獅子踊 柳田国男は、祭りの様子を視覚と聴覚を使っていきいきととらえたが、疎外された旅人の愁いを痛感せざるをえなかった。

柳田は、天神の山すなわち菅原神社に立ち寄っている。八月二五日はちょうど祭礼の日で、獅子踊を見学した。獅子踊は鹿の角の付いた面を被った男とともに、剣を持った童子が舞う。歌は低くて言葉が聞き取れなかったが、『遠野物語』の一一九話には、「自分の聞きたるは次の如し」として、百年以上前の写本を引用している。この時に写本を見せてもらったのだろうか。頭注には、「獅子踊はさまで此地方に古きものに非ず中代之を輸入せしものなることを人よく知れり」と記している。

盂蘭盆《うらぼん》に新しき仏ある家は紅白の旗を高く揚げて魂を招く風あり。峠の馬上に於《おい》て東西を指点するに此《この》旗十数所あり、村人の永住の地を去らんとする者とかりそめに入り込みたる旅人と又かの悠々たる霊山とを黄昏は徐《おもむろ》に来りて包容し尽したり。

盆で墓にそなえた供物（土淵町）

盆に掲げたムカイトロゲ（綾織町）　布が2枚あるので、この家では3年間に2人が亡くなったことになる。

盂蘭盆に、新仏のある家は紅白の旗を高く掲げた。これはムカイトロゲ(灯籠木)と呼ばれ、「新仏のある家では灯籠木を立てる。長い竿の先に青い杉葉を束ねてつけた下に、小巾で長さ五尺位の仏が男なら白、女なら赤の布を垂らし、盆中の三ケ夜は灯籠に点灯して掲げ、霊魂の魂帰りの目標にする」という(『定本附馬牛村誌』)。柳田は、永住の地を去ろうとする者と、かりそめの旅人の自分と、魂が行く霊山・早池峰とが黄昏に包まれてゆく様子を感慨深く述べている。

遠野郷には八ケ所の観音堂あり。一木を以て作りしなり。此日《このひ》報賽《ほうさい》の徒多く岡の土に灯火見え伏鉦《ふせがね》の音聞えたり。道ちがへの叢の中には雨風祭《あめかぜまつり》の藁人形《わらにんぎやう》あり。恰《あたか》もくたびれたる人の如く仰臥してありたり。以上は自分が遠野郷にて得たる印象なり。

雨風祭の行列（土淵町）
「祈豊年万作二百十日雨風祀」の旗を先頭に歩く。

松崎観音（松崎町） 杉などの大木に囲まれた小高い岡の上にある。本尊は十一面観音立像。

「八ケ所の観音堂」というが、実際には、山谷《やまや》・松崎・平倉・鞍迫《くらはざま》・宮守・山崎・笹谷《ささや》の七観音であった。ここは、帰途に通った第二番・松崎観音であった。七体の観音像は、円仁が遠野に来た折、一本の木から刻んだと伝えられる。ここは町場に近かったので、参詣人が多かった（『遠野七観音』）。この時は、岡の上の観音堂の灯火が見え、伏鉦を叩く音が聞こえたのである。道が交差したところの叢には、雨風祭の藁人形があった。『遠野物語』の一〇九話には、「盆の頃には雨風祭とて藁にて人よりも大なる人形を作り、道の岐《ちまた》に送り行きて立つ。紙にて顔を描き瓜《うり》にて陰陽の形を作り添へなどす」などとある（本書七八頁）。

捨てられた雨風祭の藁人形（土淵町） 左が女の人形、右が男の人形である。

柳田の遠野滞在を検証する

明治四二年八月二三日、柳田は、初めて岩手県遠野を訪れた。東北本線の花巻駅で降り、人力車に乗って遠野に向かう。この時のことは、「遠野にゆく、上鱒沢の宿屋、猿ケ石川にのぞみ三階なり。水の音をききて八時に遠野に入り、一日市《ヒトイチ》町なる高善にとまる」（『佐々木喜善先生とその業績』）と記されている。鱒沢の沢田橋のたもとには、木造三階建ての旅館があった。柳田はここで食事を取り、人力車を乗り継いだらしい。遠野に着いたのは夜八時であり、そのまま高善旅館に泊まった。

柳田の年譜を作成した鎌田久子は、「『遠野物語』下染め」で、この時の旅行をこう述べている。

明治四十二年八月二十三日夜、遠野を訪れた柳田先生は、翌日、新屋敷《しんやしき》の伊《い》能《のう》先生宅を訪問し、そこで数々の「遠野」の歴史書を見、更にオヒラサマ（おしらさまのこと）、藁人形《わらにんぎょう》などを見せてもらっている。あるいは「東奥古伝」という書にある白髭水《しらひげみず》の怪談のこと、早池峰のふもとに、明治維新の前まで、穴居の人々のいたこと、当時すでに行方知れずになっていたことなど、語り合っている。二十六日、出立の朝にも伊能先生に会い、この日の昼頃、綾織、上宮守、達曾部《たつそべ》を経て、夜盛岡に入っておられる。

柳田の遠野滞在は二七日までだったとする説があるが、二六日までとすべきだろう。やはり鎌田の作成した「年譜」（『定本柳田国男集』）には、「二十四日、伊能嘉矩《いのうかのり》を訪問、『遠野旧事記』という記録をみる」とある。台湾研究を進めつつあった人類学者・伊能嘉矩の家で見た「数々の「遠野」の歴史書」の中に、『遠野旧事記』もあったことになる。

問題は、馬を高善旅館の主人に借りて、独り郊外の村々を巡った日である。従来、『遠野物語』の話し手・佐々木喜善の家のある土淵《つちぶち》を訪ねたのは二四日と推定されている。佐々木を訪ねたが、不在だったために、附馬牛小学校に勤めていた北川真澄（佐々木と血縁関係にある）が附馬牛を案内する。そうしてみると、二四日には伊能を訪ねて長時間にわたる話をしていたのであるから、その日の午前か午後に、土淵までわざわざ行ったとは考え

明治42年の柳田国男の行程（推定）

鱒沢の三階旅館　主人は佐々木政治といい、人力車を引いた。

にくいのではないかと思われてならない。

鎌田は二五日の行動に触れないが、馬を借りて附馬牛へ行ったのはこの日しかない。高柳俊郎は、二四日に土淵に行き、二五日は遠野を出発、松崎から忍《しだ》峠を越えて、附馬牛に入ったと推定している。だが、二五日だけ馬を借りて、土淵から附馬牛をまわったという推定も成り立つと思われる。「郊外の村々を巡りたり」の「巡り」とはそういうことではないか。そうだとすれば、当時の道筋を考えると、佐々木の家のある山口から松崎に出て、忍峠を越えて附馬牛に入ったことになる。この時のことを、後に「土淵村山口から附馬牛に出る時でした。あそこは南部公の寺があるんで、それを見に行ったのです。ちょうど、シシ踊りなんかしてました」（柳田・伊東「民俗学と岩手」）と回想している。「土淵村山口から附馬牛に出る」というのは、それが一日の行程だったことを示しているのではないか。「南部公の寺」とは、常福院またはその先の東禅寺跡のことである。

二六日の朝、伊能に会っている。やや曖昧だが、午前中は遠野にいたようだ。帰京してから九月二日、柳田が伊能にあてた書簡から、伊能の案内で南部家の宝物を見たことが知られる。その文面からすると、鈴木吉十郎、及川忠兵（南部家の家臣で、南部邸を管理していた）にも会ったらしい。鎌田の二四日の記述にそれがないところからすると、宝物を見たのはこの日である可能性が高い。

この夜は盛岡に泊まったが、その後の行動は、「帰りに横手から五色温泉に遊ぶ」（『現代随想全集　二』の「年譜」）とあり、秋田県に入ったことが知られる。帰京したのは三一日のことであった。

この東北旅行は、プライベートなものだったらしい。当時の新聞にあたっても、柳田のことは出てこない。伊能に対しても、「過日は突然参上仕候」（九月二日、伊能あて書簡）と述べたように、まったく突然の訪問だったのである。佐々木とのすれ違いも、そうしたことに帰因するように思われる。

この旅行をもとに書かれた序文について、田山花袋は『旅と紀行文』で、「遠野町の伝説」と題して収録するにあたって、これに「いかにも書き方がロマンチックで好い。日本風の静かな抒情と外国風の細かい観察とが錯綜して、読者をして魂が動くのを覚えしめる」などと批評を加えていた。

しかし、すでに見たように、目前に広がる遠野の風景を記述することに終始していて、人との出会いやその時の見聞については寡黙なままであった。「山神山人の伝説」（序文）について言及することもなかった。しかも柳田は、帰京後、『遠野物語』の清書に入るのではなく、『石神問答』へまとまる往復書簡に入ってゆく。その謎を解くためにも、我々は、書かれなかった遠野紀行に注目してみる必要がありそうである。

書斎における伊能嘉矩（大正9年）　『台湾文化志』（昭和3年）の口絵にも使われた写真。後ろの軸は、書簡等を貼り込んで作られている。

序文の方法

『遠野物語』初版本の序文は、こう始まる。

此話はすべて遠野の人佐々木鏡石君より聞きたり。昨明治四十二年の二月頃より始めて夜分折々訪ね来り此話をせられしを筆記せしなり。鏡石君は話上手には非《あら》ざれども誠実なる人なり。自分も亦《また》一字一句をも加減せず感じたるまゝを書きたり。思ふに遠野郷には此類の物語猶《なほ》数百件あるならん。我々はより多くを聞かんことを切望す。国内の山村にして遠野より更に物深き所には又無数の山神山人の伝説あるべし。願はくは之《これ》を語りて平地人を戦慄せしめよ。此書の如きは陳勝呉広のみ。

「佐々木鏡石」は佐々木喜善の筆名である。本名で紹介しなければならないという厳密さは、おそらく意識されていなかった。筆名を挙げたのは、小説家として売り出しはじめていた業績に敬意を表したからだろう。そうしたことを考えるなら、『遠野物語』一編は小説家である佐々木鏡石から聞いた話として紹介されたことになる。

「昨明治四十二年の二月頃より始めて」は、実際は明治四一年一一月に始まっていたから、事実とは異なる。これは単なる記憶ちがいなどではなく、柳田国男の作為だろう。明快な理由を導くことができないが、明治四二年二月は『後狩詞記《のちのかりことばのき》』の作業を終えた時であり、その後に位置づけようとしたのではないか。

続く「夜分折々訪ね来り此話をせられしを筆記せしなり」はそのとおりで、柳田が佐々木の下宿を訪ねたのは、一度だけしか知られない。さらに、明治四二年八月に遠野を旅行した時も、聞き書きをして増やした形跡はない。例外は、一一九話の獅子踊の筆写だけである。むしろ、佐々木が書いたものが草稿や清書に使われていて、佐々木が書き手としても関与したと推定されることのほうが重要だろう。そうしたことから考えるならば、柳田は佐々木を透明な話し手に仕立て上げたことになる。

「鏡石君は話上手には非ざれども誠実なる人なり」もさりげない一文だが、話し手のイメージを作り上げるうえで重要な働きをしている。この「誠実」さは、次の「自分も亦一字一句をも加減せず感じたるまゝを書きたり」につながってくる。話し手と書き手が誠実に精魂込めて作ったというのである。「感じたるまゝ」はすでに

佐々木喜善の生家　柳田国男は佐々木喜善の家を訪ねたが、東京にいて会えなかった。

多くの人が指摘してきたように、書き手である柳田の感性でとらえた視点で叙述されたことを意味する。

そして、この作品によせた柳田の思いは、『遠野物語』を先駆けとして、遠野にあるより多くの話を集めることであり、さらに国内の山村から「山神山人の伝説」を集めることであった。そこに、「平地人」である柳田の、「山」によせる思いがあることは、これまでも頻りに論じられてきた。柳田の願いは思いどおりに進まなかったが、前者は『遠野物語　増補版』（郷土研究社）の「遠野物語拾遺」に結実し、後者は「山人外伝資料」（『郷土研究』）や『山の人生』（郷土研究社）に落ち着くことになる。

序文は、次の第二段落で、明治四二年八月に遠野を旅行した思い出を書き記す。そして、第三段落は、こんな話を聞き、として第一段落を受け、こんな場所を見てきて、として第二段落を受け、それを人に語りたがらない者はいない、だから、現代の流行でないとか、狭隘な趣味を強いるとか批判されても、これを出版することにした、と主張する。

さらにこの本の意義を、こう述べる。

我が九百年前の先輩今昔物語の如きは其当時に在りて既に今は昔の話なりしに反し此《これ》は是目前の出来事なり。（中略）近代の御伽百物語の徒に至りては其《その》志や既に陋《ろう》且つ決して其談の妄誕に非ざるを誓ひ得ず。窃《ひそか》に以て之と隣を比するを恥とせり。要するに此書は現在の事実なり。

『今昔物語』が「今は昔の話」の話であり、『御伽百物語』が「妄誕」（嘘）であるのに対して、この『遠野物語』は「目前の出来事」であり、「現在の事実」であると、その特質を説明する。佐々木の性格を「誠実なる人」と述べたことが、「目前の出来事」「現在の事実」を支えていることに気がつく。この序文は単なる説明ではなく、それ自体、『遠野物語』を体現する方法だった。

それにしても、この時、佐々木はわずかに数え二五歳、柳田は三六歳であった。聞き書きは、遠野ではなく、ほぼ柳田邸で行われた。聞き書きは古老から行うとか、現地調査が第一であるとかいう、後に民俗学が作り出したマニュアルなどどこにもなかった。『遠野物語』は、まったく新しい学問だったのである。この一冊は、民俗学以前に位置づけねばならない作品ではなかったか、と思われる。

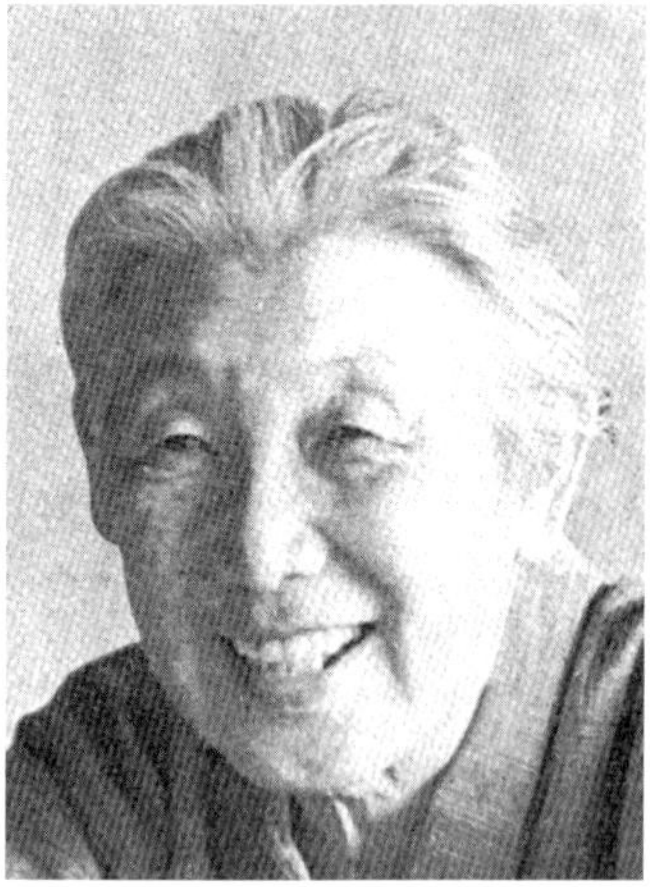

池上隆祐（1906～86）
柳田国男から資料を譲られた人。『季刊柳田国男研究』のインタビューの時の写真である。

『遠野物語』刊行に先立つ資料　上は池上隆祐の作った箱で、上書きは折口信夫（釈迢空）。下は右から、草稿本2冊、清書本1冊、初校本1冊。（遠野市立博物館蔵）

聞き書きから刊行まで

『遠野物語』の資料

『遠野物語』初版本刊行に先立つ資料は、草稿本二冊、清書本一冊、初校本一冊などが現存する。これらは、長く、松本の池上隆祐《いけがみたかすけ》が所蔵してきた。池上が柳田国男からこれらの資料を譲られた経緯は、池上の「柳田国男先生の思いで」と「柳田国男との出会い（ききて・後藤総一郎）」に詳しい。

池上は『石神問答』の刊行を記念して、昭和七年、『石』（郷土発行所）の特集号を刊行した。その際、折口信夫《おりくちしのぶ》、金田一《きんだいち》京助《きょうすけ》らの署名を入れた特装本を作って、柳田に贈呈したのである。その行為に感激した柳田は、池上にこれらを譲ったという。

昭和一〇年の『遠野物語　増補版』の口絵には、これらの資料が入れられている。その際、池上は箱を作り、折口（釈迢空《しゃくちょうくう》）に箱書きを頼んだらしい。現存する箱には、墨で、表書きとして「遠野物語　池上氏」とあり、裏書きには「この本の増訂版ハ、これらの本を台本に用ゐたり。　迢空」と書かれている。

その後、池上が亡くなり、これらは夫人から岩手県遠野市に寄贈されて、今日に至る。それぞれの本の末尾には、墨で「御礼　平成五年八月十日　遠野市長　小原正巳」と書かれ、印が押されている。当時の市長の署名である。

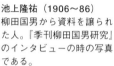

柳田と佐々木、水野の出会い

鎌田久子の「『遠野物語』下染め」と山下久男の『佐々木喜善先生とその業績』によれば、柳田が新進作家・水野葉舟《ようしゅう》の仲立ちで佐々木喜善に初めて会ったのは、明治四一年一一月四日のことだった。佐々木の日記には、「学校から帰つてゐると水野が来て、共柳田さんの処へ行つた。お化話をして帰つて」とあり、柳田の手帳には、「水野葉舟、佐々木喜善二人来て話、佐々木は岩手県遠野の人、その山ざとはよほど趣味ある所なり。其話をその

池上隆祐の作った箱の裏書き
文字は折口信夫（釈迢空）。
（遠野市立博物館蔵）

ままかきとめて「遠野物語」をつくる」とある。聞き書きはまず手帳か何かに書かれたらしいが、「つくる」とあることからみて、この「遠野物語」は現存する草稿本「遠野物語　一」のことらしい。

柳田の手帳には、翌一一月五日、「遠野物語をかく」とある。これは聞き書きではなく、草稿本を書くことを意味する。一一月一三日、柳田の手帳には、「竹島町に佐々木繁をとひて遠野物語に書入をなす。十八日夜再話をきく約束」とあり、佐々木の日記には、「午前柳田国男さんが来た。例の遠野物語のことについてのことだ」とある。柳田が佐々木のところへ出向くのは、異例なことだった。その異例さは、すでに書かれたものに「書入をなす」という行為と関係する。柳田は居ても立ってもいられず出かけたのだが、そこで佐々木から聞いて「書入」をした内容とは、後述するように、草稿本の冒頭にある空白箇所への書き入れだったと思われる。

一一月一八日、約束どおり、佐々木と水野が柳田邸を訪れた。柳田の手帳には、「夜佐々木及水野来、又佐々木君の遠野話をきく夜十二時迄」とある。さらに、一一月二六日、柳田が佐々木に出した葉書には、「今月も二日の日に御出ねがひ候故来月も二日の夜にねがひ上候　もしさし支《つかへ》出来候はゞ此方よりも遠慮なく申上べく候」とある。「今月も二日の日に御出ねがひ候故」はよくわからないが、一月に一度、定期的に聞き書きの機会をもちたいと思っていたことになるのだろうか。

その後、佐々木は翌年一月から三月まで遠野に帰り、その間に水野が訪ねている。四月に上京して、再び聞き書きが始まり、佐々木の「紅塵　△　四月廿八日」（『佐々木喜善全集』Ⅲ）によれば、四月二八日の夜、柳田邸で「お化会」が開かれた。佐々木と水野以外にも招かれた人がいたが、参加者は佐々木だけだったらしい。この時、二人の間に交わされた「例の話」が『遠野物語』の話であることは間違いない。

鎌田は手帳を調べ、「初夏まで、折にふれて佐々木氏からの遠野の話をきかれている」というので、聞き書きは「初夏」まで続いたと思われる。「定本年譜」によれば、柳田は五月二五日から七月八日まで、木曽・飛騨・北陸路の視察旅行に出ている。聞き書きはその前に終わっていたとみるべきだろう。五月の手帳に、「遠野物語を執筆する」という記述があるが、

佐々木喜善（1886〜1933）

柳田国男（1875〜1962）　『柳田国男写真集』（岩崎美術社刊）より。

水野葉舟（1883〜1947）　作家で、自らは佐々木の話を「怪談」としてまとめた。『光太郎と葉舟』（葉舟会刊）より。

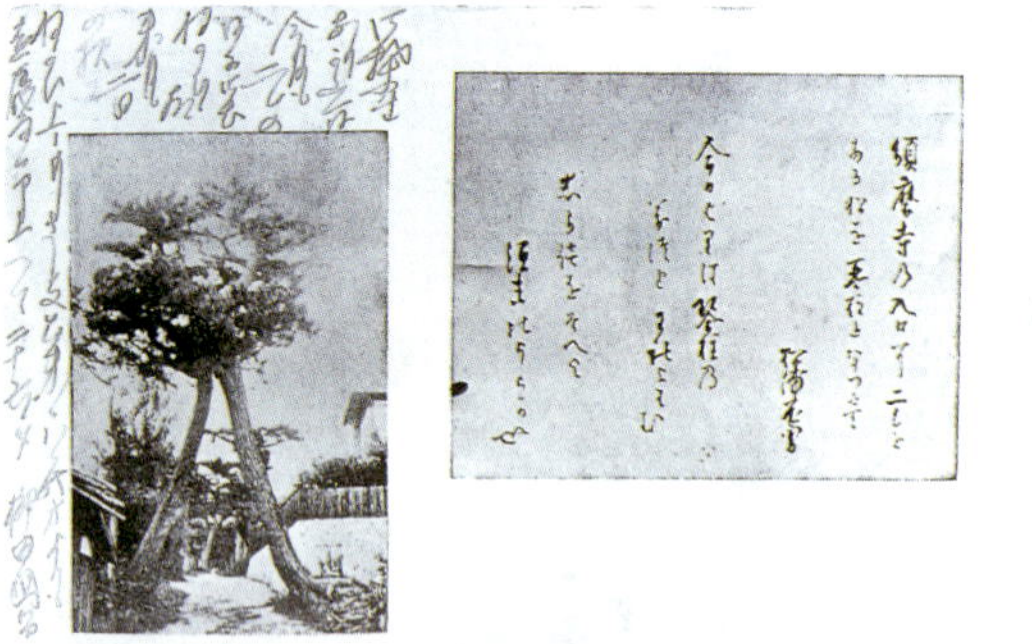

柳田国男が佐々木喜善にあてた書簡　明治41年11月26日。柳田の歌の師匠・松浦辰男の作った絵葉書を使った。

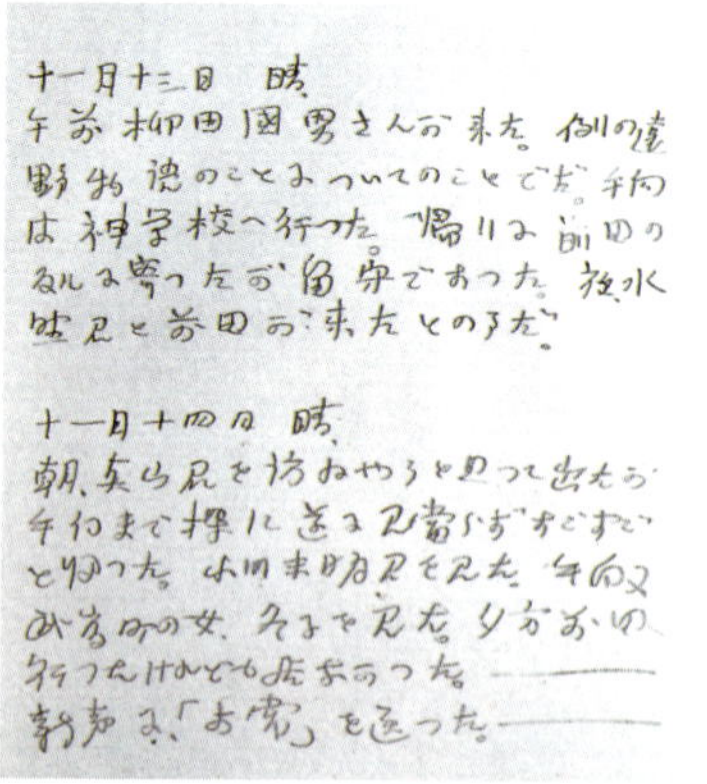

十一月十三日　晴
午前柳田国男さんが来た。例の遠野物語のことについてのことである。午后は神学校へ行った。帰りに前田の処に寄ったが留守であった。

十一月十四日　晴

佐々木喜善の日記　明治41年11月13日と14日。

そのころ草稿本執筆は最終段階に来ていたと思われる。

草稿本

草稿本は「遠野物語　一」「遠野物語　二」の二冊からなる。墨で書かれているが、一冊目には鉛筆の書き入れがある。本文は一〇七話、挿絵は七図。「遠野物語　二」の「二」は後の書き入れらしい。これは当初、分冊になるほど話が聞けるとは思っていなかったことを示している。「遠野物語　二」の末尾には、多くの遊び紙が残るが、それは逆に、予定したほど話が集まらなかったことを表していよう。

最初の「遠野物語　一」の冒頭には、字体や空白から推定して、元は空白だった箇所に書き入れたと思われる部分がいくつもある。その痕跡は、五話の「此方ハ　里以上の迂回なり」に残る。これは、見落とされたか、佐々木が答えられなかったかして、残ってしまったのである。

そうした視点から見直すと、元は空白だったところに書き入れられた内容は、①数字、②地名（方角を含む）、③人名（屋号を含む）に分類することができる。

①は、一話の「[十]ヶ村」。この「[十]」

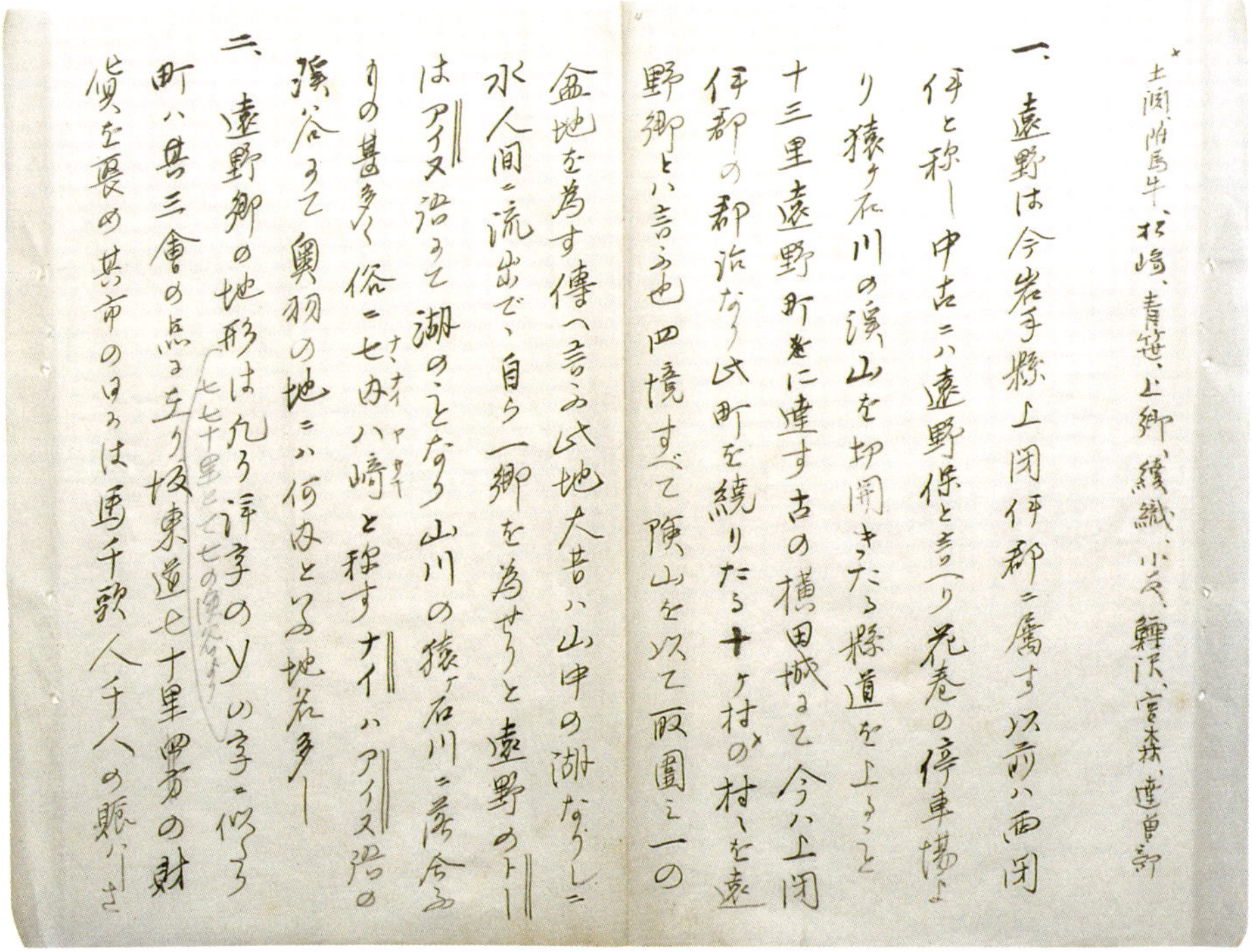

土淵、附馬牛、松崎、青笹、上郷、綾織、小友、鱒沢、宮守、達曽部

一、遠野は今岩手縣上閉伊郡に屬す以前ハ西閉伊と稱し中古ニハ遠野保と言へり花巻の停車場より猿ヶ石川の溪山を切開きたる縣道を上ること十三里遠野町に達す古の横田城にて今ハ上閉伊郡の郡治なり此町を繞りたる十ヶ村の村々を遠野郷とハ言ふ也四境すべて険山を以て取圍む一の盆地を為す傳へ言ふ此地太昔ハ山中の湖なりしに水人間に流出で自ら一郷を為せりと遠野のトーはアイヌ語にて湖のことなり山川の猿ヶ石川に落合ふもの甚多く俗に七内八崎と稱すナイハアイヌ語の溪谷にて奥羽の地には何内と云ふ地名多し

二、遠野郷の地形は丸ろ評字のYの字に似たり（七七十里とて七の溪谷より）町ハ其三會の點にて左り坂東道七十里四方の財貨を褒め其市の日には馬千頭人千人の賑はしさ

『遠野物語』草稿本・1話と2話の冒頭　1話の「〔十〕ヶ村」の「十」は後の書き入れと思われる。2話の「七七十里とて七の渓谷より」は鉛筆の書き入れで、佐々木喜善の筆と推定される。（遠野市立博物館蔵）

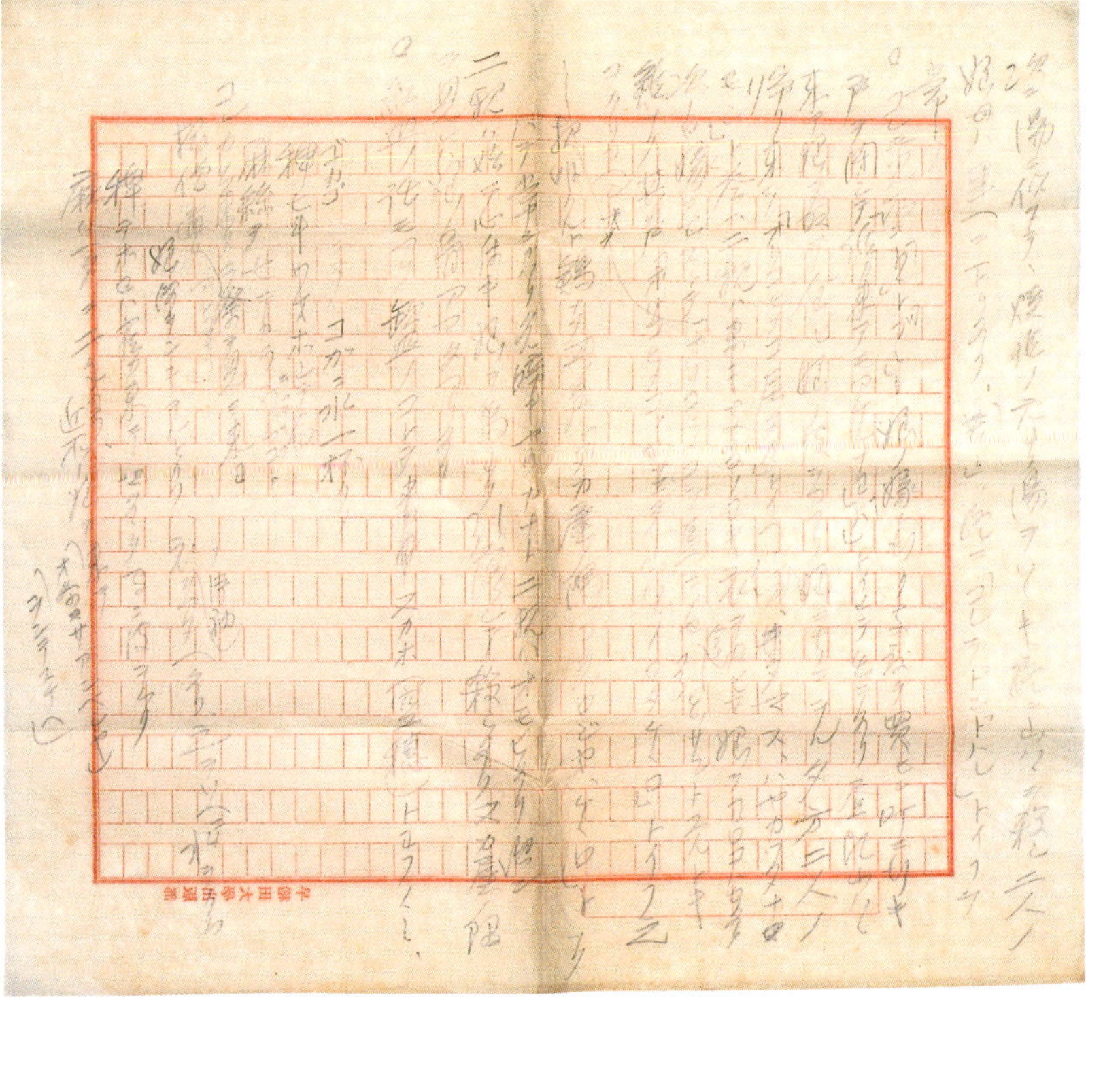

『遠野物語』の資料になった原稿　116話末尾から118話。原稿用紙の裏に鉛筆で書かれたもので、佐々木喜善の筆と推定される。草稿本には書かれなかった話である。（遠野市立博物館蔵）

の箇所は空白だったと思われる。そこに「十」を書き入れ、さらに、「村」の右下に「×」を付けて、右欄外の「×土淵、附馬牛、松崎、青笹、上郷、綾織、小友、鱒沢、宮森、達曾部」と対応させて、村名まで入れることにしたのである。

②は、たとえば、一二話の「〔来内《ライナイ》〕といふ所」。「来内《ライナイ》」の箇所は空白だったと思われる。「来内《ライナイ》」の右下行間に「〔の　権現祠のある処〕」という書き入れがあるが、これは、空白に地名を書き入れる時、入らなかった部分が行間に流れたのであり、「来内《ライナイ》〔の　権現祠のある処〕」全体が一度の書き入れであった。

③は、たとえば、一一話の「〔孫四郎〕は宥したまはれ」。この「孫四郎」の箇所は空白だったと思われる。母の言葉の中に、後から息子の名前「孫四郎」を入れたのである。

こうした書き入れは、物語の現実性を作り出し、序文にいう「目前の出来事」「現在の事実」をすでに志向していたことがわかる。しかし、こうした試行錯誤も一八話あたりまでであり、その後は叙述が安定する。つまり、草稿本は後にまとめて書かれたのではなく、佐々木から聞いた話を書き継いだものだったことになる。

一二話には、「来内《ライナイ》〔の　権現祠のある処〕」という書き入れがあったが、清書本では、「来内《ライナイ》村の伊豆権現の社ある処」となる。社の名が「伊豆」であることを柳田が知ったのは、『石神問答』の「二四　柳田より佐々木氏へ」の書簡に、「来内村の女神が伊豆権現なりとのことは　小生も伊能先生より承りしこと有之候ひき」とあり、明治四二年八月、遠野に出かけた折だったことがわかる。草稿本に「伊豆」と書き込まれなかったのは、小さな事実だが、草稿本を遠野に持ってゆかず、戻ってからも書き入れをしなかったことを示している。

また、草稿本の「遠野物語　一」には鉛筆の書き入れがある。その裏表紙にも、「第六天町四五、小林方　佐々木」と鉛筆で書かれている。前田夕暮の書簡のあて先から、佐々木は明治四二年四月に上京して、一時、小石川第六天町の小林方に暮らしていたことがわかる。その住所を書いたのである。これを書いた時、本文中の鉛筆の書き入れも書かれたのであろう。続く「遠野物語　二」には、鉛筆の書き入れがない。

従来知られていなかったことだが、二冊の草稿本とは別に、一一六話の末尾から一一八話を原稿用紙の裏に鉛筆で書いたものが残っている。これは草稿本の「遠野物語　二」にはない話で、その筆跡は明らかに佐々木のものである。佐々木は話し手としてだけでなく、書き手としても関与していたのである。

そうした事態を考慮すると、実は先の「遠野物語　一」にある鉛筆の書き入れも、佐々木の筆である可能性が高い。つまり、佐々木はこれを読んでいたことになる。「遠野物語　二」には、七四話（初版本七五話）に「長者屋敷（　参照）」、七六話（初版本七七話）に「お秀（　参照）」のような空欄が残っている。これは、柳田が「遠野物語　一」を参照できない状態にあることを示していよう。柳田が「遠野物語　一」を参照できないという事実は、それが佐々木のもとにあったという推定を支持するように思う。

清書本

柳田は遠野から帰った後、九月一五日から山中笑《えむ》（共古）との往復書簡を始め、「石神」について追究してゆく。『遠野物語』の清書本より、『石神問答』をまとめる

杏林舎の事務及び校正室　『嗚呼田中増蔵君』（大正5年）の中の写真。『遠野物語』を印刷した杏林舎の印刷技術には定評があった。

ことが優先されたのである。翌明治四三年三月一二日、柳田が佐々木に出した書簡（『石神問答』の書簡二四では二月二三日）に、「遠野物語は早く清書して此夏迄には公にし度願に候へ共何分目下は石神のこと中途にて打棄てがたく夜分一二時間の暇は専ら此為に費しをり候次第に候」とあり、まだ清書に取りかかっていなかった。四月九日、松岡輝夫（映丘）に出した書簡で往復書簡が終了し、「定本年譜」の四月一〇日に、「『石神問答』の草稿を書く」とあるので、『遠野物語』の清書に入ったのはそれ以降だったと考えられる。

　こうして書かれた清書本は一冊であり、表と裏がそれぞれ二五字、一二行の原稿用紙を使用する。ペンで書くが、「此書を外国に在る人々に呈す」と扉の「遠野物語」だけは墨で書いている。墨で書いたのは、原稿を印刷所に渡す最終段階だったと思われる。頁数は二種類。一つは丁裏の左下でペン書き。本文から「柳田国男近業」まで、「1」から「57」が入る。もう一つは丁表の左上で朱筆。「此書を外国に在る人々に呈す」から「柳田国男近業」まで、「2」から「65」が入る。ペン書きが先で、朱筆が後になる。それは、まず本文と「柳田国男近業」が書かれ、その他は後に付けられたことを示している。

　また、朱筆の頁数の脇には、紫印で「遠野」と押されている。これは印刷所で押したものだろう。印刷所に渡された時、原稿は整っていたことになる。また、丁表の右下には、ところどころに、紫印で「大」「渡」「城」「石」「徳」と押されている。これは、原稿用紙を分けられて活字を選んだ文選工の名前の最初の一字であろう。

　活字のポイントや挿絵の入れ方などを朱筆で指示する。八〇話の二枚、八三話の一枚の挿絵については、別の用紙に書いて貼り込む。後の二枚は原稿用紙の裏書きで、別筆。これは佐々木が書いたと思われる。八〇話の一枚は、「(此所へ図入リ、但シワカリヨクスル為ニハ二／頁ニワタリテモヨロシ)」としてあらかじめ空けておき、その上欄外に折り込んで貼る。貼り込みにも、「ナガヤ（納屋）」の右下に、朱で「此辺ヨリ二ツ／ニキリ／二頁ニ／スル方／可ナラン／ワリ合ハ／ナルベク／此通リニ」とする。八〇話のもう一枚は上欄外に貼る。朱で「山口館の古家のウチ」を消し、右下に朱で「今少シ小リク、又其次ノ／頁／コレハ上段

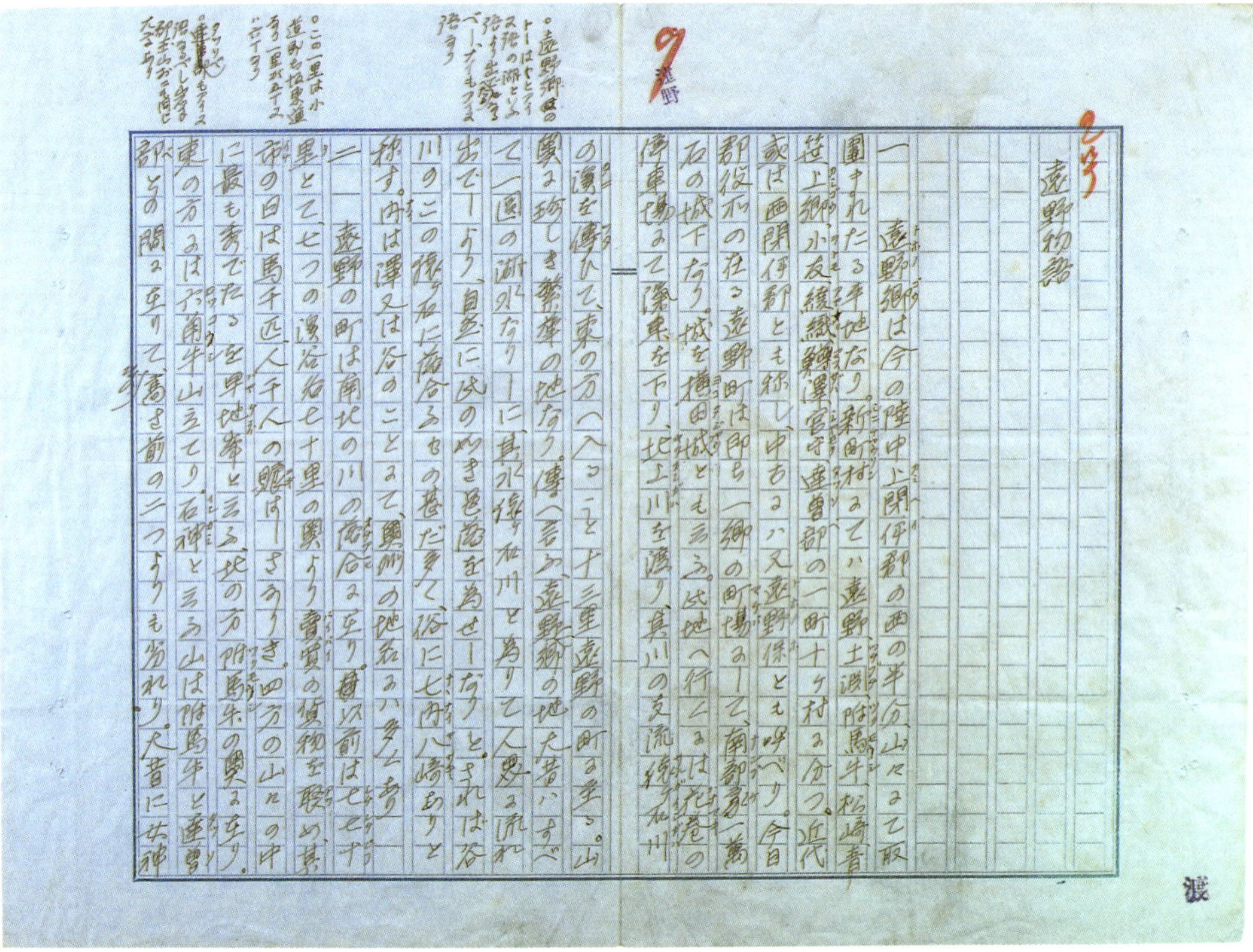

『遠野物語』清書本・一話と二話の冒頭　頭注も書き入れられ、活字の号数も指定されている。右下の「渡」の印は文選工の名前。（遠野市立博物館蔵）

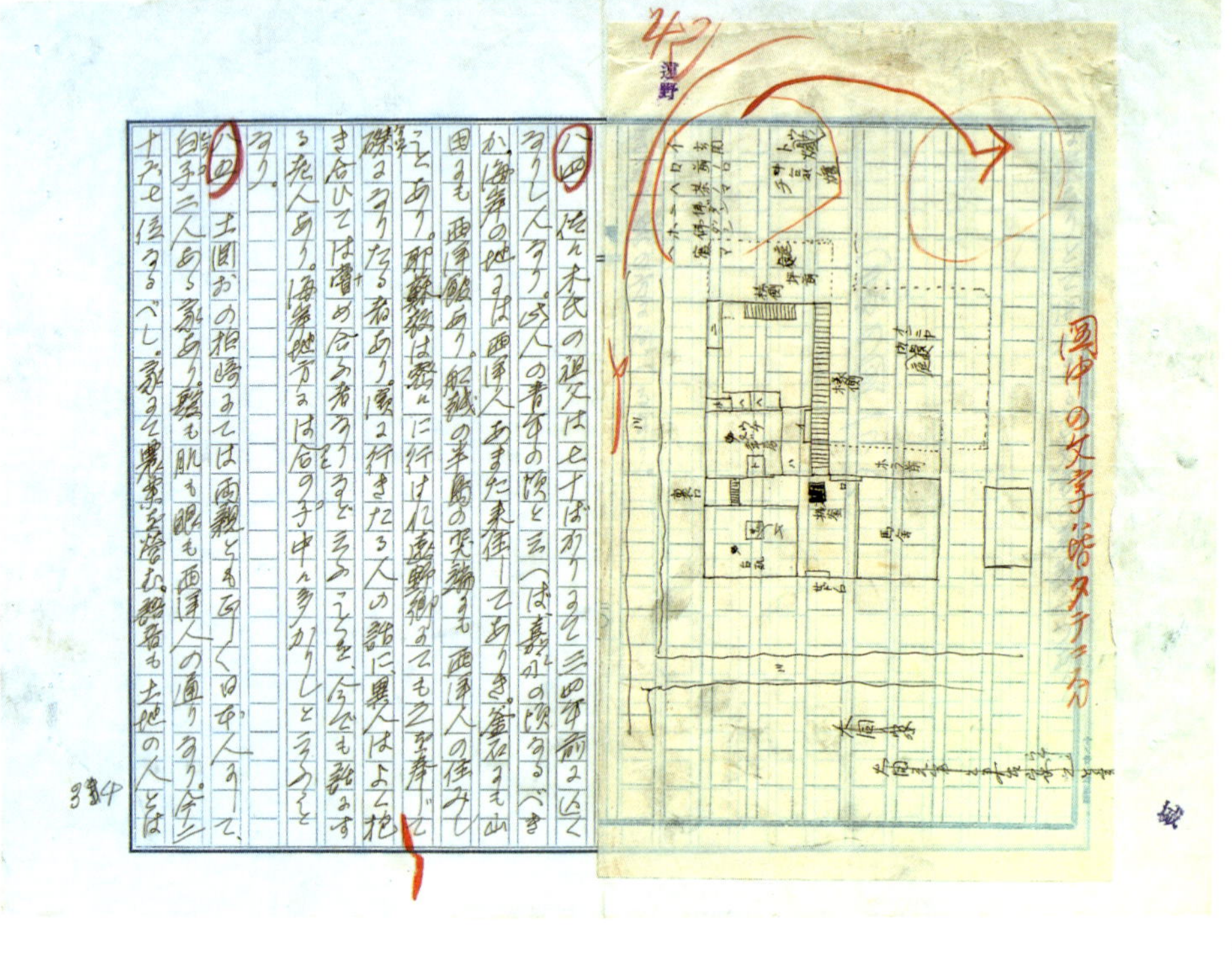

『遠野物語』清書本・八三話の貼り込み　佐々木喜善が書いたと思われる家の間取図を利用している。消された説明から、「大同ノ家」の間取図とわかる。（遠野市立博物館蔵）

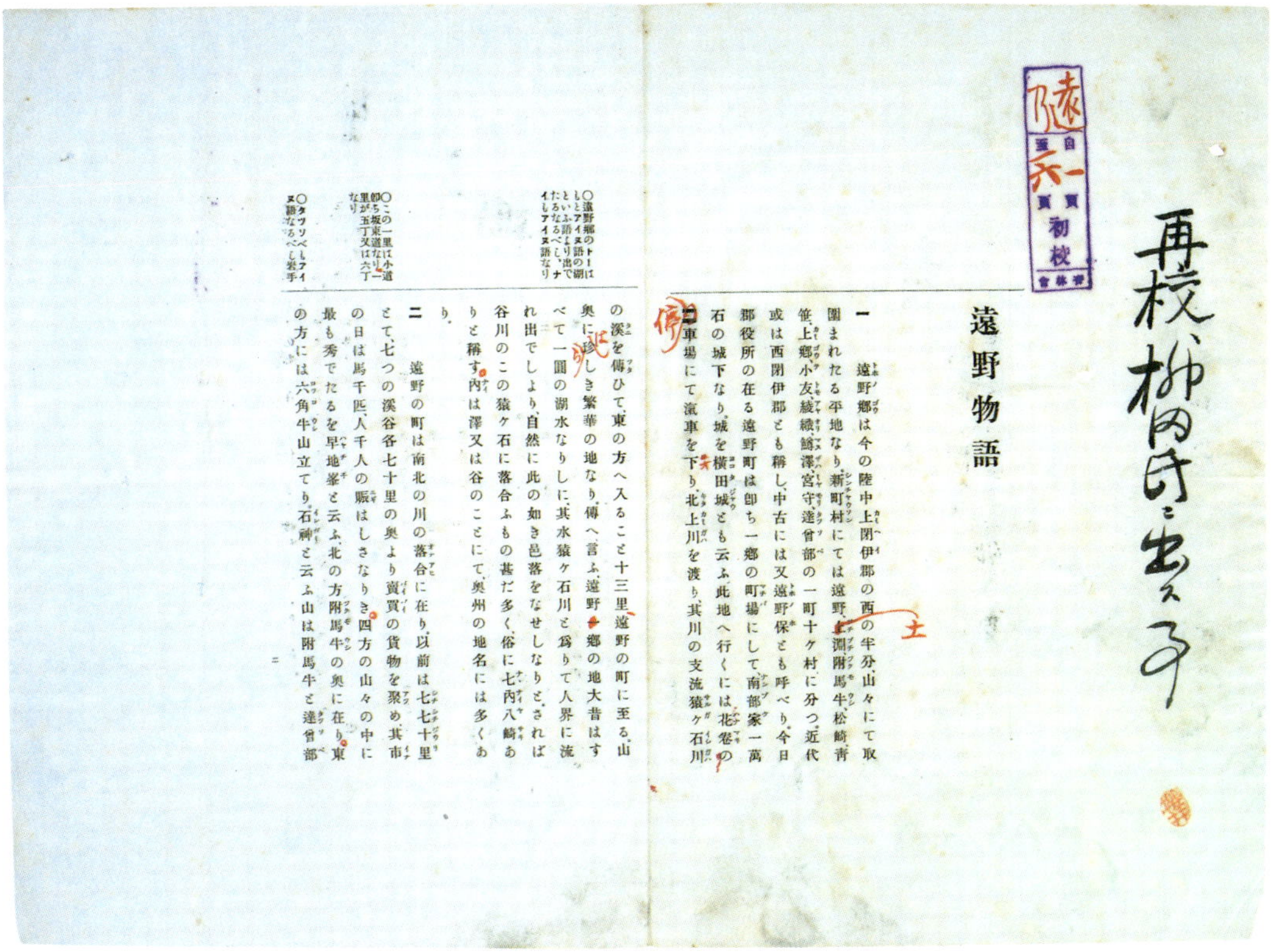

『遠野物語』初校本・1話と2話の冒頭　清書された原稿用紙どおりに組まれている。「再校、柳田氏ニ出ス事」は、右下に印のある「桜井」の文字だろう。（遠野市立博物館蔵）

ニ入レ／下ニ活字ヲ組」とする。八三話の一枚も、「（家の図一つ入）」としてあらかじめ空けておき、その上欄外に横に貼る。貼り込みは、「大同ノ家／大同元年ニ来た家《ウチ》也と言」をインクで消し、右に朱で「図中の文字ハ皆タテニスル」とする。

清書本には、初版本に入る序文、「題目」、本文一一九話、「柳田国男近業」もすべて書かれている。ただし、頭注は六三カ所。

草稿本から清書本にかけて、物語本文の配列が入れ替わることはないが、草稿本からは、七話、七四話、九〇話から九二話、一〇〇話、一〇一話、一〇九話、一一六話から一一九話の一二話が増える。増補は草稿本の「遠野物語　二」に集中している。これらの話は、直前の「題目」と関連する場所に入れられたようである。

岩本由輝は『もう一つの遠野物語』で、一〇〇話、一〇一話と同じ話を、水野が佐々木から聞いて報告したことを指摘している。すでに述べたように、一一六話から一一八話は佐々木が鉛筆で裏書きして渡していた。こうしたことからすれば、一一九話の獅子踊の写本を除き、やはり、佐々木から聞いた話と考えておくべきだろう。

草稿本から清書してゆく際、本文は厳

聚精堂・田中増蔵

杏林舎・今井甚太郎

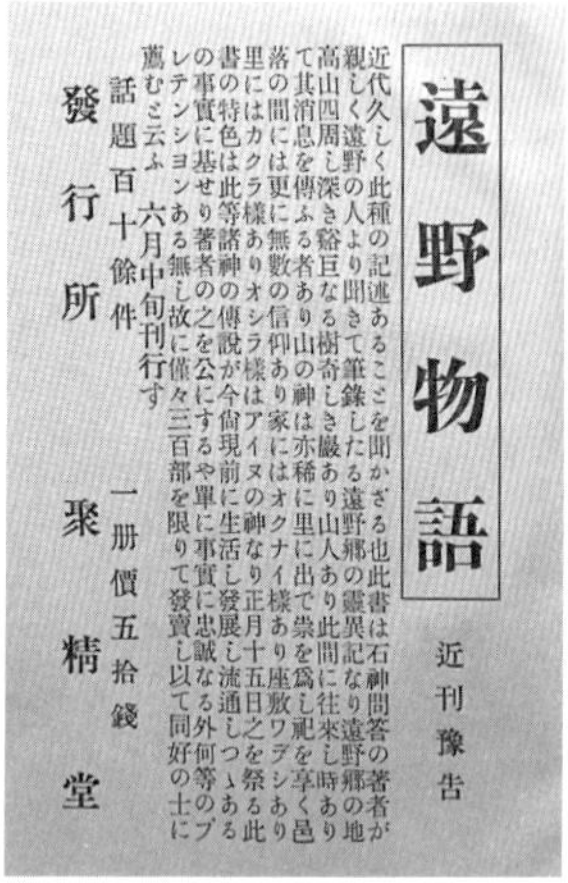

遠野物語

近刊豫告

近代久しく此種の記述あることを聞かざる也此書は石神問答の著者が親しく遠野の人より聞きて筆錄したる遠野郷の靈異記なり遠野郷の地高山四周し深き谿亘なる樹奇しき巖あり山人あり此間に往來し時ありて其消息を傳ふる者あり山の神は亦稀に里に出で祟を爲し祀を享く邑落の間には更に無數の信仰あり家にはオクナイ様あり座敷ワラシあり里にはカクラ様ありオシラ様はアイヌの神なり正月十五日之を祭る此書の特色は此等諸神の傳說が今尙現前に生活し發展し流通しつゝある事實に基せり著者の之を公にするや單に事實に忠誠なる外何等のプレテンシヨンある無し故に僅々三百部を限りて發賣し以て同好の士に薦むと云ふ　六月中旬刊行す

話題百十餘件　一册價五拾錢

發行所　聚精堂

『石神問答』巻末の広告文「僅々三百部を限りて発売し」とあり、発行所は聚精堂となっている。

しく推敲され、それに伴って、（　）内の注記などをもとに頭注が入れられた。だが、内容上、最も注目すべき点として、小田富英の「初稿本『遠野物語』の問題」が指摘するように、一年の時間差を直したことが挙げられる。たとえば、草稿本の四三話の「去年の遠野新聞」を「一昨年の遠野新聞」に変えたように、である。これもまた、序文にいう「目前の出来事」「現在の事実」を作ってゆく方法だったことになる。

　清書は、『石神問答』の刊行へ向けた準備が終わってから始められたので、その書名が頭注に出る。なかには、一七話と一一一話の頭注のように、『石神問答』の頁数までが示された場合もある。こうしたところまで書けるというのは、この頭注が書かれた時点で、すでに『石神問答』の初校が出ていたことになる。ほぼ一カ月の間に相次いで出された二冊の本が、実は深いつながりをもっていたことを知る。

初校本と散逸した再校

　初校を組むのに先立って、本文六頁分の見本組が取られ、これも残っている。柳田は活字の組まれた状態を確認したのである。一頁の右欄外に、「見本組可否御一報を乞ふ」と朱で書き、上から墨で消す。右下には、「桜井」と思われる印がある。朱で書いたのは、この人だろう。桜井は印刷所・杏林舎の支配人、桜井新三郎と思われる。この見本組を清書本と照らしてみると、原則として、欄外の頭注も含め、原稿用紙に書かれたとおりに活字が組まれたことがわかる。

　初校本は一冊である。表紙から「柳田国男近業」までが整っている。本文には、一頁、一七頁、二五頁、三三頁、四九頁、六五頁、八一頁、九七頁に、それぞれ印刷所・杏林舎の「初校」を示す印があり、「遠野」（用字は揺れる）と頁数を朱で書き込む。この印の状態からみて、初校を出すのは二四頁までで中断され、後は追って出されたと思われる。

　これには朱筆を使って、本文の推敲などを書き込む。大きな加筆としては、扉の「遠野物語」の右に、「三百五十部ノ内第　　号」を入れたことがある。それによって、印刷部数だけでなく、番号を入れることが決まった。また、初校の段階で新たに書き入れられた頭注が、八〇話と一一九話の二カ所に見え、六五カ所

『遠野物語』の扉
これは「三百五十部ノ内　第二三四号」。

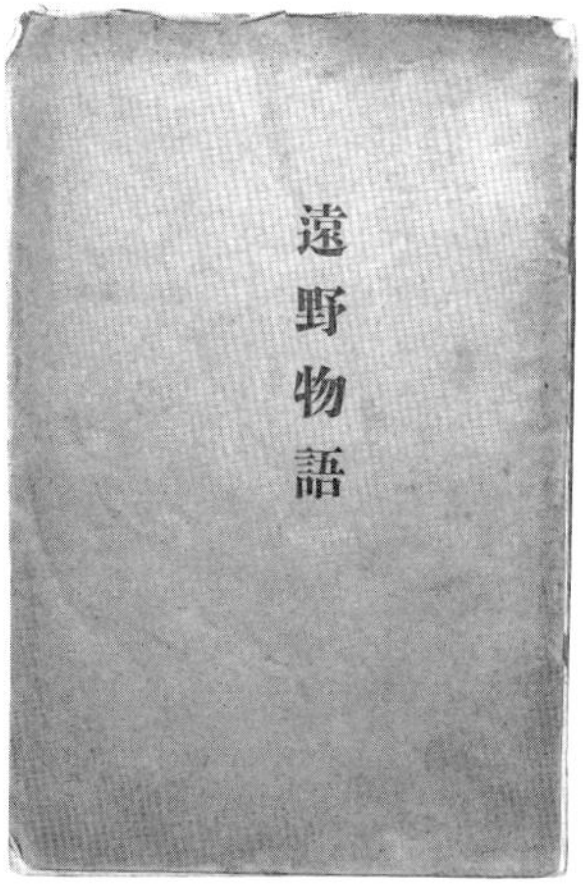

『遠野物語』の表紙
（以下、初版本は遠野市立博物館蔵）

になった。

　本文の一頁の右欄外には、墨で「再校、柳田氏ニ出ス事」とあり、右下には、「桜井」の印がある。これも、桜井が書いたものだろう。朱の「要」は表紙、四九頁、六五頁、八一頁、九七頁に見え、「桜井」の印は、一頁、四九頁、六五頁、八一頁、九七頁にも見える。こうした再校が必要だという指示は、やはり桜井によって書かれたと思われる。こうした指示によって、初校は印刷所に戻され、再び再校とともに柳田のもとに届けられたと考えられる。そして、再校にも手が入り、印刷所に戻されたが、初校はそのまま柳田の手元に残されたのである。再校が現存しないのは、三校が取られず、そのまま印刷所に残ったからである。

　その結果、再校は散逸したが、そこで加えられた朱筆は、初校本と初版本とを比較すれば、明らかにすることができる。二二話の頭注の「○マーテルリンクの「侵入者」を想ひ起さしむ」は、再校で入れられた。本文の書き換えとしては、五五話の末尾に見られる固有名詞を「○○○○」にしたことが大きい。草稿本以来あった固有名詞をぎりぎりのところで伏字にしたのである。それは、草稿本の冒頭に見られた空白箇所への書き入れとは逆に、人名を明らかにすることへのタブーが働いたことを表す。また、「柳田国男近業」の末尾にあった「地名に現はれたる昔の生活」「山人外伝」「古塚雑説」三冊も、この時点で消され、「後狩詞記」「石神問答」と、近刊として「時代と農政」「旧日本に於ける銅の生産及其用途」が残った。五月一六日の「『遠野物語』校了、その広告文を書く」は、こうした作業を行った再校が終わったことを示している。柳田の手帳には、六月九日、「遠野物語出来たり、よきかんじなり」とある。奥付の日付・六月一四日より早くできていたことになる。

『遠野物語』の刊行

　明治四三年五月、『石神問答』が刊行された。これは、柳田が石神・シャグジなど呼ばれる神について、山中笑（共古）（牧師・民間学者）はじめ、白鳥庫吉《しらとりくらきち》（東洋史学者）・伊能嘉矩《いのうかのり》（人類学者）・佐々木繁（喜善）・和田千吉（考古学者）・喜田貞吉《きたさだきち》（歴史学者）・緒方小太郎（祠官）・松岡輝夫（弟・画家）との間に交わされた三四通の書簡から構成さ

『遠野物語』の奥付　『遠野物語』は著者兼発行者・柳田国男の自費出版であり、印刷所は杏林舎、売捌所は聚精堂であった。

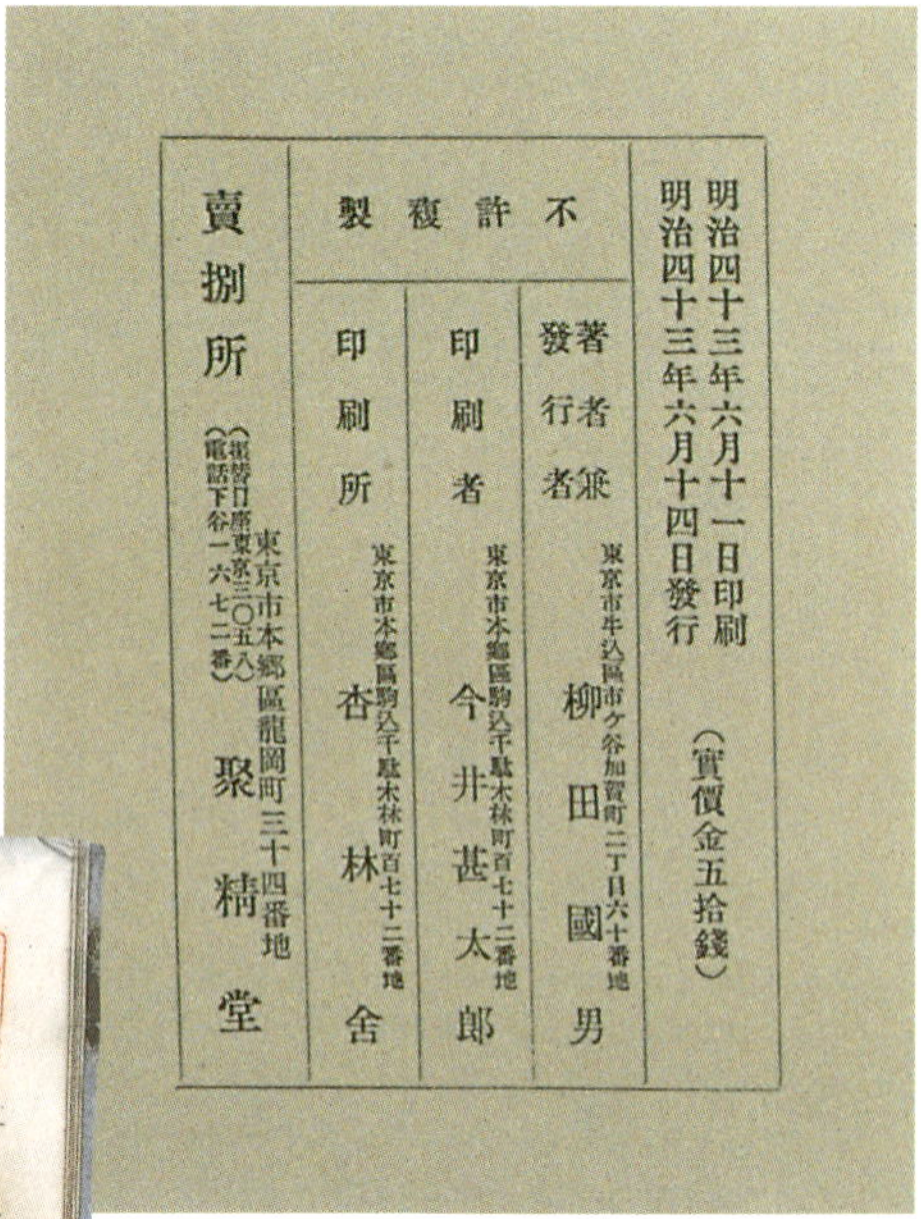
明治四十三年六月十一日印刷
明治四十三年六月十四日發行
（實價金五拾錢）
不許複製
著者兼發行者　東京市牛込區市ケ谷加賀町二丁目六十番地　柳田國男
印刷者　東京市本鄕區駒込千駄木林町百七十二番地　今井甚太郎
印刷所　東京市本鄕區駒込千駄木林町百七十二番地　杏林舍
賣捌所　東京市本鄕區龍岡町三十四番地（振替口座東京三〇五八）（電話下谷一六七二番）　聚精堂

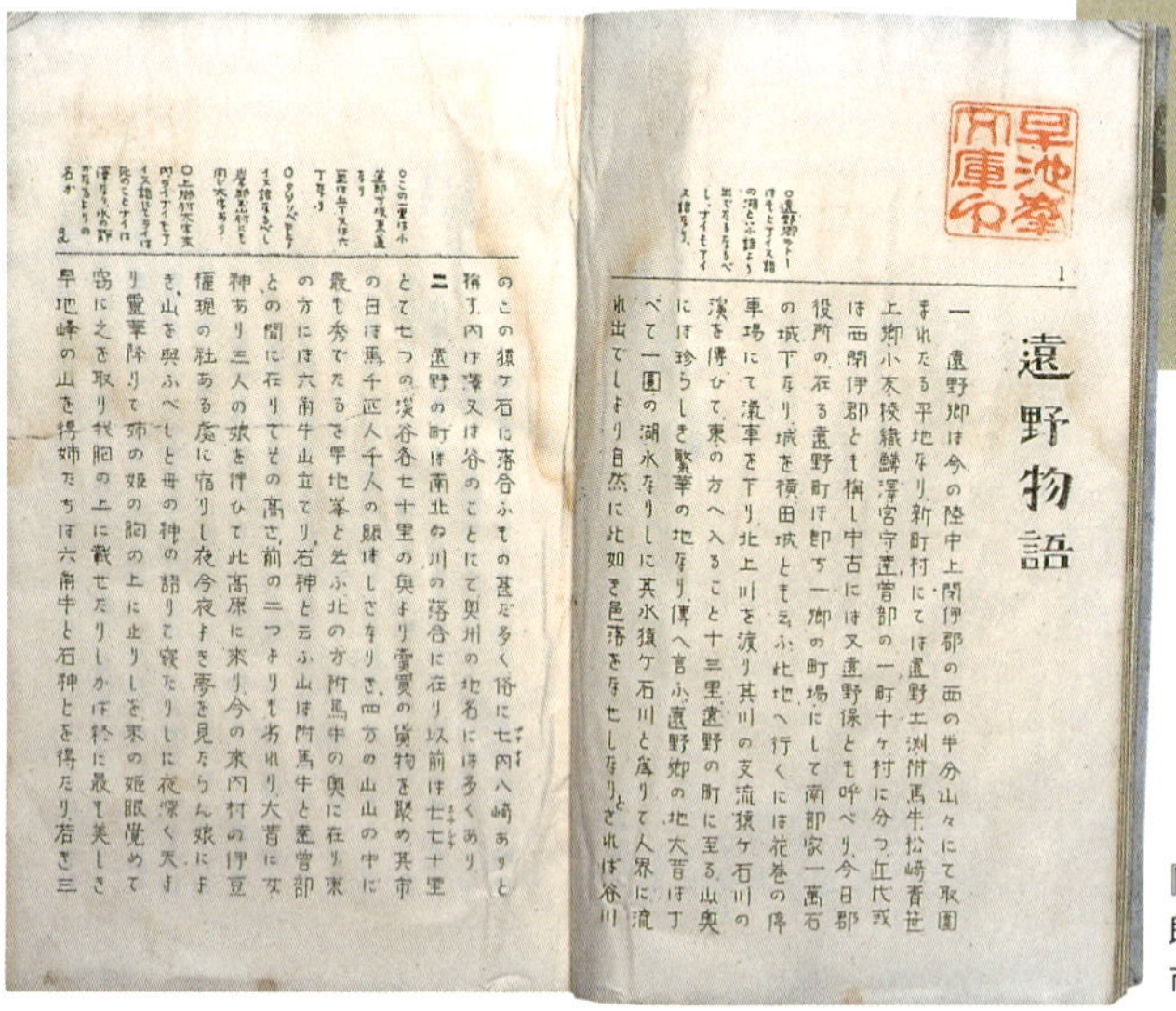

『遠野物語』の謄写版　昭和8年、遠野の遠野物語朗読会の代謄写筆記で発行された。非売品。（遠野市立博物館蔵）

れる。すでに見たように、これは『遠野物語』より先に出さねばならない本だった。

この本は力を入れて売り出したらしく、種々の雑誌に広告を載せている。中でも、『読売新聞』の五月二八日号などに載せた『石神問答』の広告には、「西洋の学者に手を下されると悔しいからちよいと先鞭を著《つ》けて置くとのこと也」とある。この意識は『遠野物語』の「此書を外国に在る人々に呈す」と通底している。

この本の末尾には、「遠野物語　近刊予告」と題する広告が入っている。「定本年譜」の五月一六日の「広告文」は、これであろう。そこには、山人・山の神・オクナイ様・座敷ワラシ・カクラ様・オシラ様など、神々の世界が凝縮されたかたちで説明される。「此等《これら》諸神の伝説が今尚《なほ》現前に生活し発展し流通しつゝ、あるの事実に基せり」は、序文にある「目前の出来事」「現在の事実」をより明確に述べる。

こうした紆余曲折を経て、『遠野物語』は六月に刊行された。印刷者は今井甚太郎、印刷所は杏林舎であるが、発行所はなく、自費出版であった。これは明治四二年に出した『後狩詞記《のちのかりことばのき》』と同じであった。だが、この本の場合、売捌所として

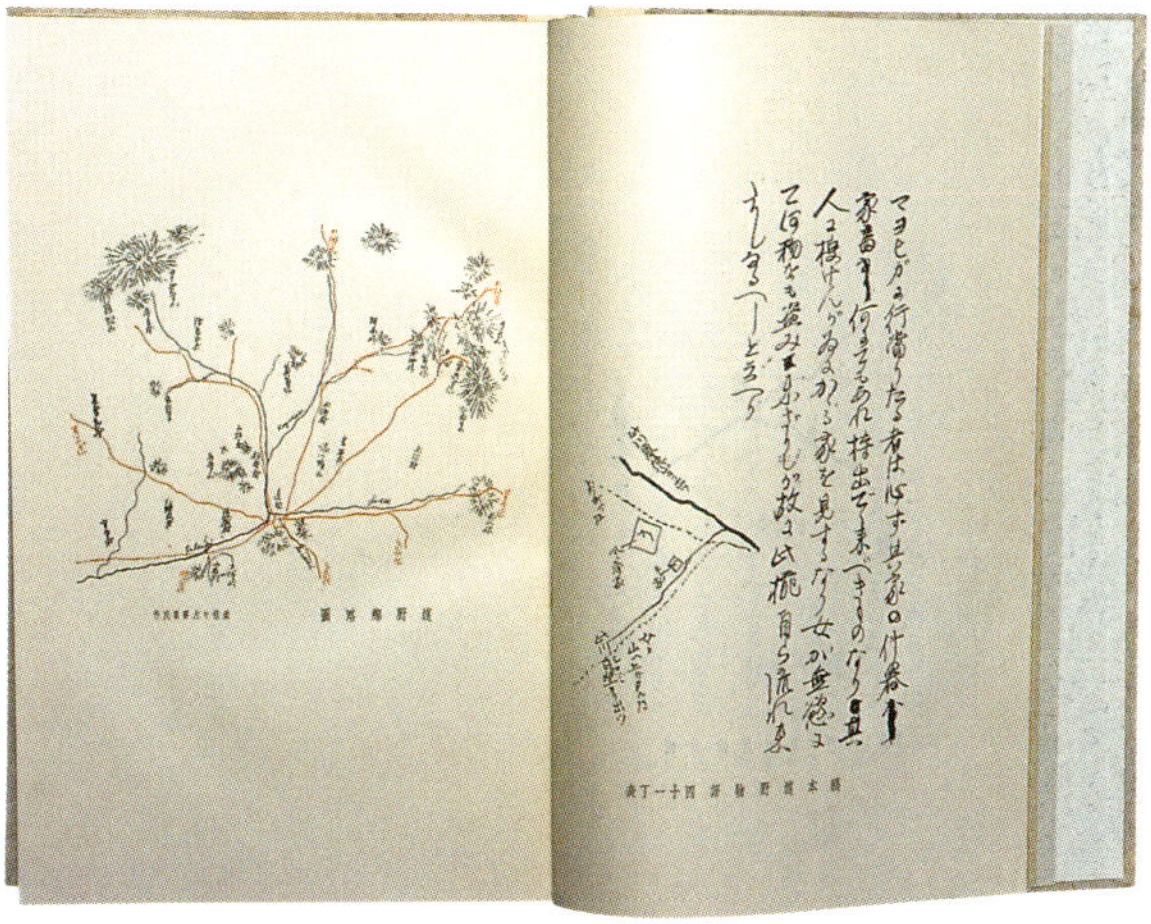

『遠野物語　増補版』の口絵
「草稿本遠野物語　41丁表」「遠野郷略図（故佐々木喜善氏作）」。後者は初版本刊行に向けて用意されたが、入れられなかったものと推定される。

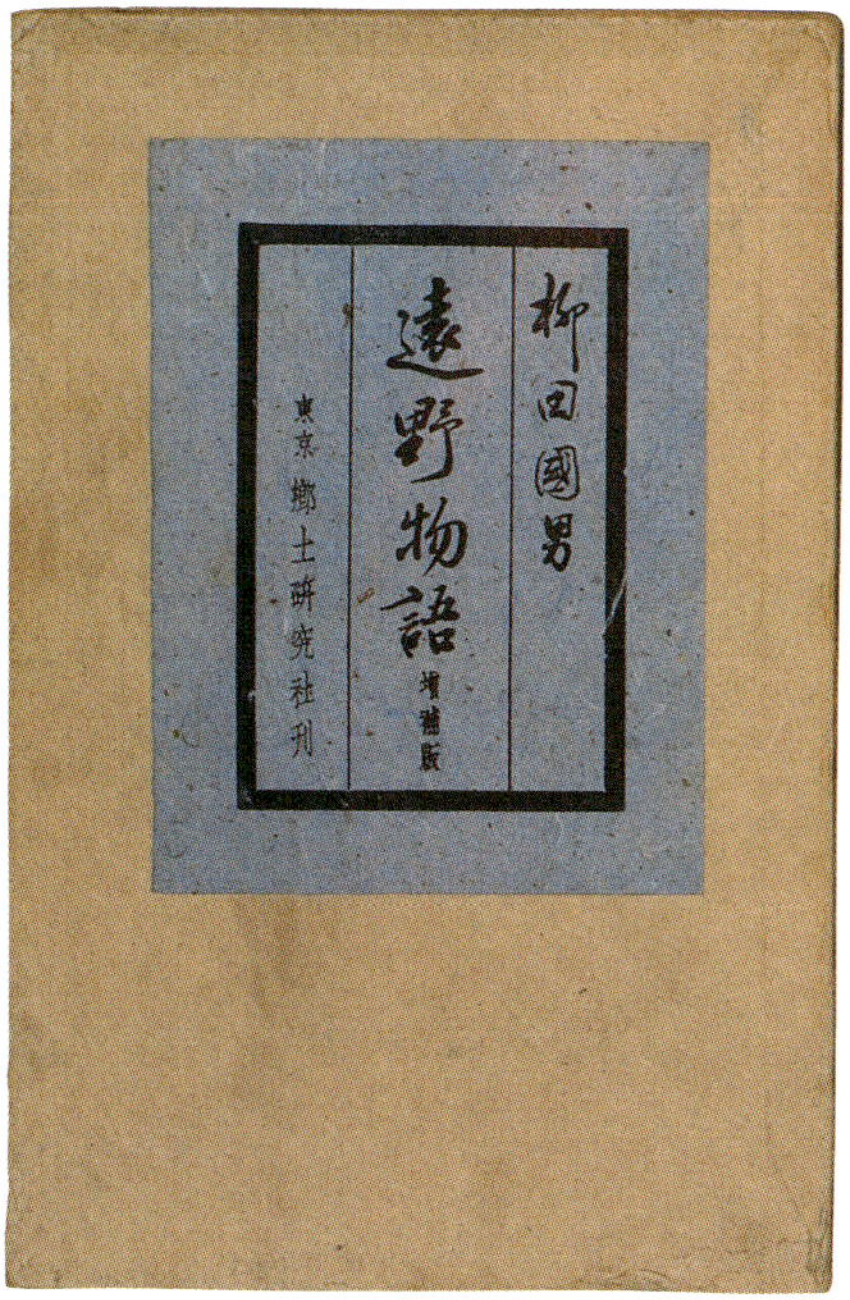

『遠野物語　増補版』の箱　昭和10年版の箱の文字は、金田一京助が書いている。（以下、増補版本は遠野市立博物館蔵）

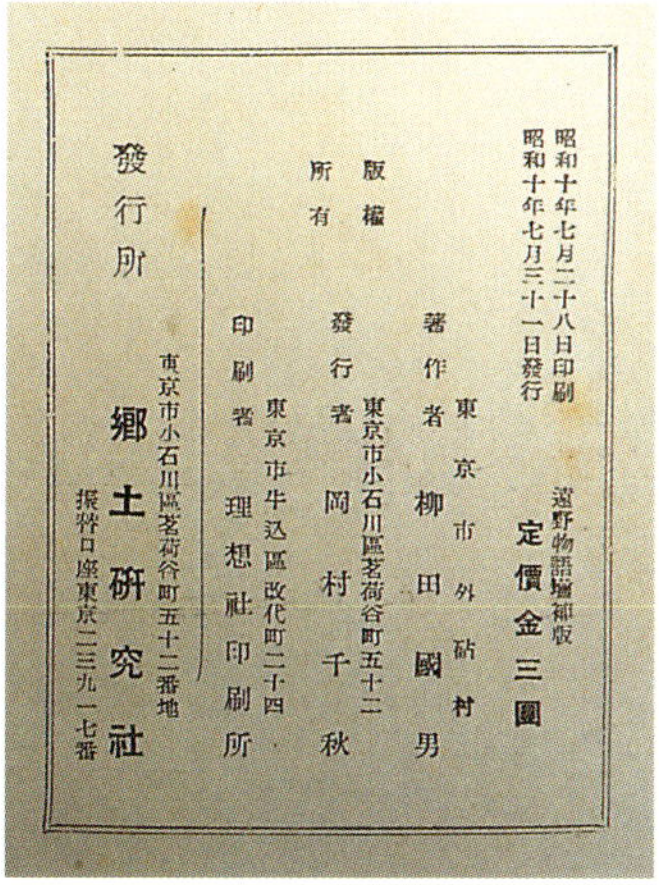

昭和十年七月二十八日印刷
昭和十年七月三十一日發行

遠野物語増補版
定價金三圓

著作者　東京市外砧村　柳田國男
發行者　東京市小石川區茗荷谷町五十二　岡村千秋
印刷者　東京市牛込區改代町二十四　理想社印刷所

版權所有

發行所　東京市小石川區茗荷谷町五十二番地　郷土研究社　振替口座東京二三九一七番

『遠野物語　増補版』の奥付
発行日の昭和10年7月31日は、柳田国男の60歳の誕生日。発行所は郷土研究社であった。

聚精堂（田中増蔵）が挙げられていて、発売された。『後狩詞記』は五〇部だったが、これは三五〇部印刷された。

第一号は「御初穂ハ佐々木君ニ　国男」と著名され、佐々木に贈られ、第二号は「自用」であった。その他、親類や知友に分かち、残りが発売された。聚精堂は「購読者名簿」（柳田「予が出版事業」）を作っていた。これが出ると、島崎藤村・小島烏水《うすい》・田山花袋・泉鏡花・水野葉舟といった作家や、柴田常恵《じょうけい》・小田内通敏《おだうちみちとし》といった学者が紹介・批評を書いている。

『遠野物語　増補版』の刊行へ

柳田が佐々木にあてた書簡から、『遠野物語』のその後を知ることができる。柳田が刊行したいと望んでいた「山人伝」はうまくゆかなかったが、明治四四年には、『遠野物語』の「続篇」は佐々木が筆を執り、協力して「広遠野物語」とでも題すべき本を作りたいと言っていた。しかし、大正二年になると、刊行を断念せざるをえなくなる。

再びこのことが話題になるのは、大正一二年になってからであり、柳田は「遠野物語の増訂を企てられてハ如何　前の

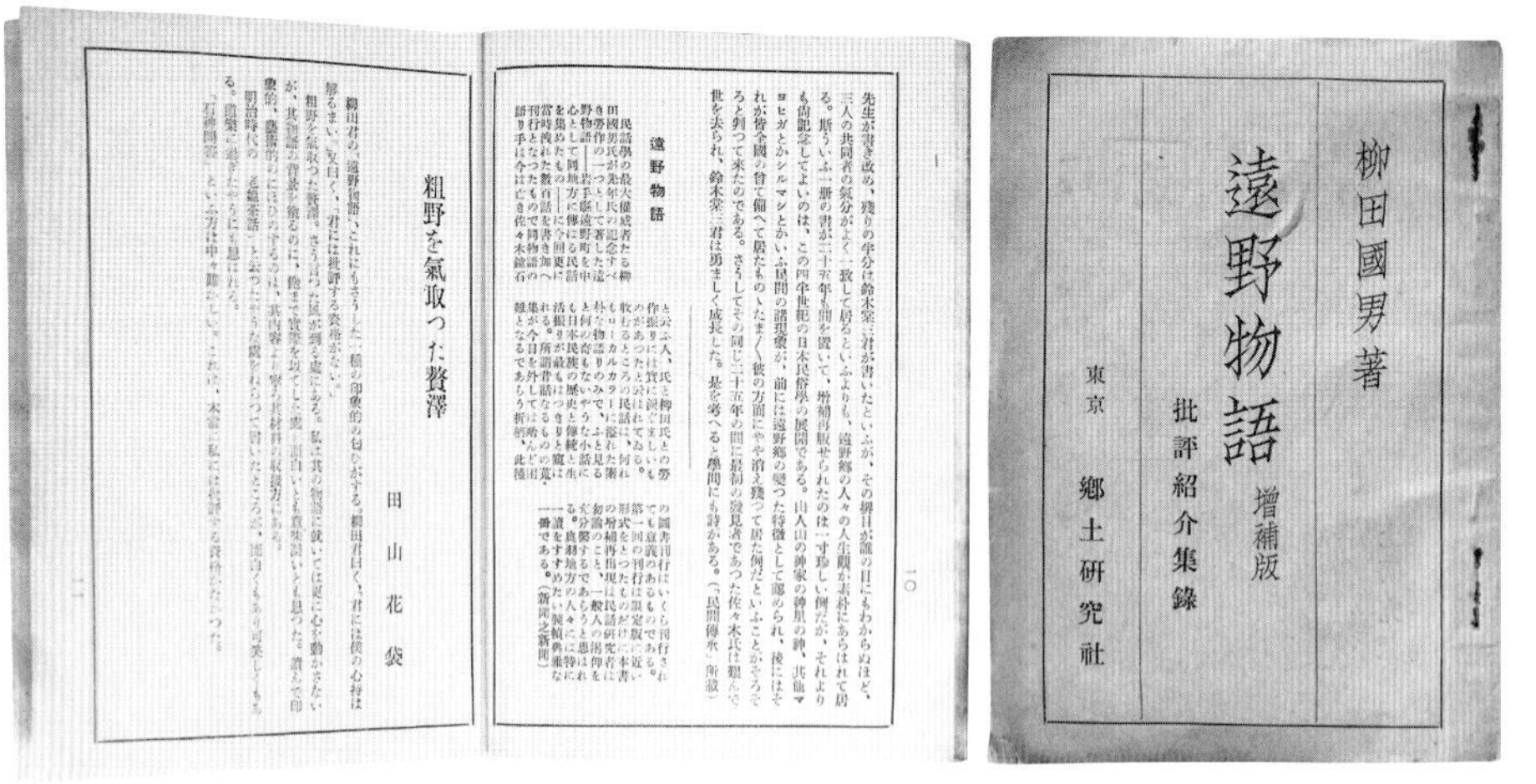

『遠野物語　増補版　批評紹介集録』　金田一京助、長野稲男、水野葉舟、胡桃沢《くるみざわ》勘内、市川信次、守随一、田山花袋、神代種亮、周作人などの批評・紹介を載せる。（遠野市立博物館蔵）

本の文章を書かへて口語体にし成るたけ多く同じやうな話を一とところにあつめて書いて見てハどうです」と勧める。これは重要な変更であった。初版本を口語体に書き改め、新たな話と合わせて分類し直すことを提案しているからである。まさに「増訂」であった。

だが、昭和二年になると、「遠野物語は前刊の形を保存しそれに新なる自分の部分を追加する考に候」と変更される。これは、初版本の形を保存し、それに新たな話を追加するというものである。しかも、その作業を佐々木にまかせるのではなく、柳田自身が行おうというのである。

柳田の勧めによって、佐々木は次々と資料を送るが、整理はいっこうに進まない。柳田はずいぶん忙しかったようだが、それだけではなかった。おそらく言葉とは裏腹に、新たな資料を書き改める意欲はもうなかったにちがいない。痺《しび》れを切らした佐々木は、昭和六年、『聴耳草紙《ききみみぞうし》』を刊行。その中には、増補資料との重複がかなりあったため、再版の夢は立ち消えとなった。

三度目にこの話が持ち上がるのは、佐々木が亡くなった後であった。資料の散逸を惜しんだ柳田は、昭和一〇年に入ってから、国学院大学を出た鈴木脩一に残り半分の書き改めなど一切を任せた。柳田の還暦を祝い、それに合わせて行われる第一回日本民俗学講習会に間に合わせるために、これは四、五カ月で作られたのである。柳田は鈴木が書き改めた原稿にまったく目を通さなかったという。

こうしてできたのが『遠野物語　増補版』だった。発行者は岡村千秋、発行所は郷土研究社である。発行日の七月三一日は柳田の満六〇歳の誕生日であった。その内容としては、『遠野物語』の初版本成立に関わる資料の口絵、柳田の「再版覚書」、「遠野物語拾遺」二九九話、折口信夫の「後記」、「索引」、「遠野郷本書関係略図」が増補された。題簽《だいせん》は金田一京助（言語学者）の筆になる。

皮肉なことだが、『遠野物語　増補版』は、佐々木が亡くならなければ、そのまま刊行されなかった可能性が高かったことになる。この本は、柳田に対する祝福と佐々木に対する鎮魂という二つの面をもっていたのである。

『遠野物語』の世界

遠野の盆地は、早池峰《はやちね》・六角牛《ろつこうし》・石神《いしがみ》などの山々に囲まれ、猿ケ石・早瀬・来内《らいない》などの川が豊かに流れる。そうした自然を背景に里の暮らしが営まれ、また一方で町の繁栄があった。そうした環境と密接に関わりながら、『遠野物語』の話も語られたのである。そこで、そうした世界をイメージしやすいように、「山の世界」「川の世界」「里の世界」「町の世界」の四部に分けて構成してみた。

遠野物語

山の世界

大昔に女神あり、三人の娘を伴ひて此《この》高原に来り、今の来内《らいない》村の伊豆権現の社ある処に宿りし夜、今夜よき夢を見たらん娘によき山を与ふべしと母の神の語りて寝たりしに、夜深く天より霊華降りて姉の姫の胸の上に止りしを、末の姫眼覚めて窃《ひそか》に之《これ》を取り、我《わが》胸の上に載せたりしかば、終に最も美しき早地峰の山を得、姉たちは六角牛《ろっこうし》と石神とを得たり。

早池峰山を遠望する

伊豆権現（上郷町）　女神が娘3人を連れて宿った場所と伝えられる。

石上神社女神像（綾織町）

遠野三山を分けた女神

北上山地の中央部に位置する遠野盆地は、周囲を山々に囲まれている。特に、北方の早池峰山は一段と高く、一九一四メートル。東方の六角牛山は一二九四メートル、西の石神山（石上山）は一〇三八メートルである。これらが遠野三山と呼ばれている。大昔、母神の与えた課題に従って、三姉妹の女神が遠野三山を領有した起源を語る。

遠野の町は南北の落合に在り。以前は七七十里《しちしちじうり》とて、七つの渓谷各七十里の奥より売買の貨物を聚《あつ》め、其《その》市の日は馬千匹、人千人の賑はしさなりき。四方の山々の中に最も秀でたるを早地峰《はやちね》と云ふ、北の方附馬牛《つくもうし》の奥に在り。東の方には六角牛《ろっこうし》山立てり。石神《いしがみ》と云ふ山は附馬牛と達曾部《たっそべ》との間に在りて、その高さ前の二つよりも劣れり。大昔に女神あり、三人の娘を伴ひて此《この》高原に来り、今の来内《らいない》村の伊豆権現の社ある処に宿りし夜、今夜よき夢を見たらん娘によき山を与ふべしと母の神の語りて寝たりしに、夜深く天より霊華降りて姉の姫の胸の上に止りしを、末の姫眼覚めて窃《ひそか》に之を取り、我《わが》胸の上に載せたりしかば、終に最も美しき早地峰の山を得、姉たちは六角牛と石神とを得たり。若き三人の女神各三の山に住し今も之《これ》を領したまふ故に、遠野の女どもは其妬《ねたみ》を畏れて今も此山には遊ばずと云へり。（二話）

女神が宿った来内は、早池峰山を開山した始閣藤蔵《しかくとうぞう》が暮らした地と言われる。母神を伊豆大権現（『遠野のくさぐさ』）や坂上田村麻呂の娘松林姫（『上郷村郷土教育資料』）と特定する話があり、それらはこの地で娘を産んだという点で一致する。しかし、これは母神が娘を連れてやって来る話で、出産はしていない。安倍貞任《さだとう》の妻おないがやって来たとする話もあるが、この人は伊豆権現に合祀されたという（『綾織村郷土誌』）。

すでに指摘があるように、「今夜よき夢を見たらん娘によき山を与ふべしと母の神の語りて寝たりしに」という一節は、草稿本にない。窃かに霊華を取ったという盗みの行為を和らげるために、夢の中の出来事にしたのである。他の話にも夢とするものはなく（『遠野のくさぐさ』など）、これを悪と見なした柳田国男による改変と考えられる。だが、盗みは末娘の抜きん出た才覚を表すもので、一概に負のイメージばかりではない。

盗みということで言えば、附馬牛村の者が種籾を盗んで来たが、発覚しないように早池峰山に願掛けをしたところ助けてくれたという話がある（拾遺六九話）。この救済はまさに早池峰の神の出自に関わり、補完関係をなしている。末尾の一文、「それからしてこの御山の女神は、盗みをした者でさへ加護なされるといつて、信心をする者が愈々《いよいよ》多いのである」は、この話が早池峰信仰の普及に一役買ったことを示していよう。

また、この話は遠野三山が女人禁制である由来も語る。実際、これらの山は戦前まで、女の立ち入りは許されなかった。昔、巫女《みこ》が自分は神を探す者だから差し支えがないと言って、牛に乗って石神山に登ると、大雨風が起こり、姥石《うばいし》と牛石になったと伝える（拾遺一一二話）。よく似た話は早池峰山にもある（『定本附馬牛村誌』）。女が遊ぶことを禁ずるというのは、男が成人する時に遠野三山を徒歩で巡る三山駆けをしたことと対照をなしていたと思われる。

姥石（綾織町）　石神山に登った巫女が石になった。

牛石（綾織町）　巫女の乗った牛が石になった。近くに荷鞍石《にぐらいし》もある。

山女と長者伝説の関係

遠野周辺の山々は、不可思議な話の源泉となった。柳田が特別に注目したのは、山人だった。『遠野物語』の広告文（『石神問答』）でも、「遠野郷の地高山四周し深き谿《たに》巨なる樹《き》奇しき巌《いはほ》あり山人あり此《この》間に往来し時ありて其消息を伝ふる者あり」と紹介している。確かに、山中で山人と遭遇する話は多い。

山々の奥には山人住めり。栃内村和野の佐々木嘉兵衛と云ふ人は今も七十余にて生存せり。此翁若かりし頃猟をして山奥に入りしに、遥かなる岩の上に美しき女一人ありて、長き黒髪を梳《くしけず》りて居たり。顔の色極めて白し。不敵の男なれば直に銃《つつ》を差し向けて打ち放せしに、弾《たま》に応じて倒れたり。其処《そこ》に馳け付けて見れば、身のたけ高き女にて、解きたる黒髪は又そのたけよりも長かりき。後の験《しるし》にせばやと思ひて其髪を

南無阿弥陀仏の碑（土淵町）　佐々木嘉兵衛が撃った女はトヨという名で、その供養のために建てたという伝えがある（菊池照雄『山深き遠野の里の物語せよ』）。

いさゝか切り取り、之《これ》を綰《わが》ねて懐《ふところ》に入れ、やがて家路に向ひしに、道の程にて耐へ難く睡眠を催しければ、暫く物陰に立寄りてまどろみたり。其《その》間夢と現との境のやうなる時に、是も丈《たけ》の高き男一人近よりて懐中に手を差し入れ、かの綰ねたる黒髪を取り返し立去ると見れば忽ち睡は覚めたり。山男なるべしと云へり。（三話）

佐々木嘉兵衛は正しくは嘉平で、文化一二年に生まれ、実際には明治二九年に亡くなっているから、『遠野物語』が書かれた当時、すでに故人となっていた。百姓に身が入らず、猟に明け暮れた人で、有名な博打打ちでもあった（『注釈遠野物語』）。草稿本は「二三年前ニ七十余にて身まかりし」とあったのを修正したが、かえって事実からは遠くなってしまったことになる。

結局、嘉兵衛が打ち殺して、証拠にしようと切り取った女の黒髪は、男に奪われて残らなかった。だが、証拠のないことが逆にこの話の現実性を高くしているのではないか。末尾の「山男なるべしと云へり」は草稿本にはなく、これも柳田による加筆であった。「山々の奥には山人住めり」という認識に導かれた推定だが、

コラム・『遠野物語』の動植物

遠野は豊かな自然に取り囲まれているので、『遠野物語』には多くの動植物が登場する。熊・猿・鹿・鮭（本書五五頁）をはじめ、郭公・オット鳥・馬追鳥などの動物が見える。また、カッコ花（本書七七頁）・桐の花・菊の花などの植物も彩りを添える。

雉子《きじ》　佐々木嘉兵衛が雉子小屋で雉子を待つと、狐が出て追うので、撃とうとしたが、銃の筒に土を詰められていた（60話）。

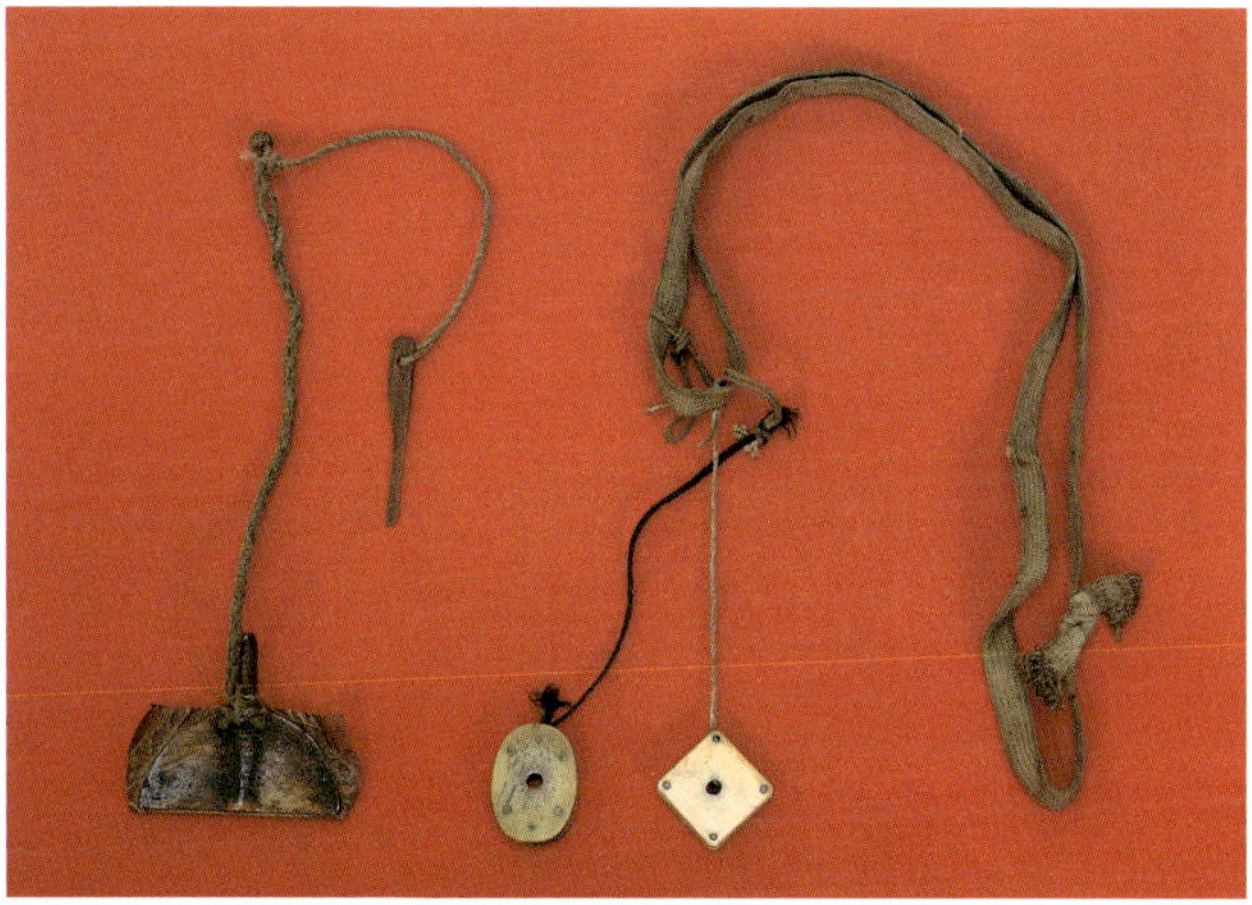

左は鹿笛（オキ・シカオキ）、右は雉子笛　狼が鹿を襲ったという話があり、白鹿は神という伝えがある（32話、39話、61話）。猟師が鹿を呼ぶのに吹く笛を、オキまたはシカオキという（46話、拾遺120話）。

桐の花　白望《しろみ》の山へ萱《かや》刈りに行く時、遠く望むと桐の花の咲き満ちた山があるが、ついにそのあたりに近づくことができなかった（33話）。

天狗像（上郷町）

「山男」が柳田の用語だったことは注意される。

　この女は、髪が長く顔の色が白かった。そして、やはり背の高い女であった。顔の色が白いことから、里の女とみる説もあるが、「題目」では、この話を「山女」に分類している。柳田の認識は、まぎれもなく山女だったことになる。

　この他にも、話の中には山女という言葉は出てこないが、その容姿や行動からそう判断した話がある。吉兵衛という家の主人は、根子立《ねっこだち》に入って、長い髪の若い女が幼児を背負って、足が地に付かないように通り過ぎるのを見た（四話）。長い髪は山女の特徴だったようだ。白望山《しろみ》に続く離森《はなれもり》の長者屋敷で炭を焼いていた者の小屋を覗いた女もそうだった（三四話）。同じ白望山で、女が中空を走るように横切ったという話もある（三五話）。中空を走るのも、山女の行動パターンらしい。

　この離森の長者屋敷に掛けた小屋には、女がしばしば現れた（七五話）。「長者屋敷は昔時長者の住みたりし址《あと》なり」（七六話）とあることからすれば、この地名は長者伝説の痕跡だった。大胆な推測が許されるなら、こうした女の正体は長者の娘だったのではないか。山奥に連れ去られる女をそう伝える話も、確かに存在するのである。

　遠野郷では、今でも豪農のことを長者と言う。青笹村大字糠前《ぬかのまえ》の長者の娘が物に取り隠されて長年経ったが、同じ村の何某という猟師が山に入って一人の女に遭った。恐ろしくなって撃とうとしたが、「何をぢでは無いか、ぶつな」と言う。びっくりしてよく見ると、あの長者の愛娘である。「何故《なにゆゑ》にこんな処には居るぞ」と問うと、「或物に取られて、今は其妻となれり。子もあまた生みたれど、すべて夫が食ひ尽して一人此《かく》の如く在り。おのれは此地に一生涯を送ることとなるべし。人にも言ふな。御身も危ふければ疾《と》く帰れ」と言うので、その在所を明らかにせずに逃げ帰ったという（六話）。この娘はいわゆる神隠しに遭ったのだ。神隠しに遭った女は、山男と生活する場合が多かったのである（七話、拾遺一〇九話、拾遺一一〇話）。

山男と天狗のコスモロジー

　青笹の長者の娘は「物」に取り隠されて、その妻となっていた。上郷の民家の娘が栗拾いに行って帰らなかったが、村

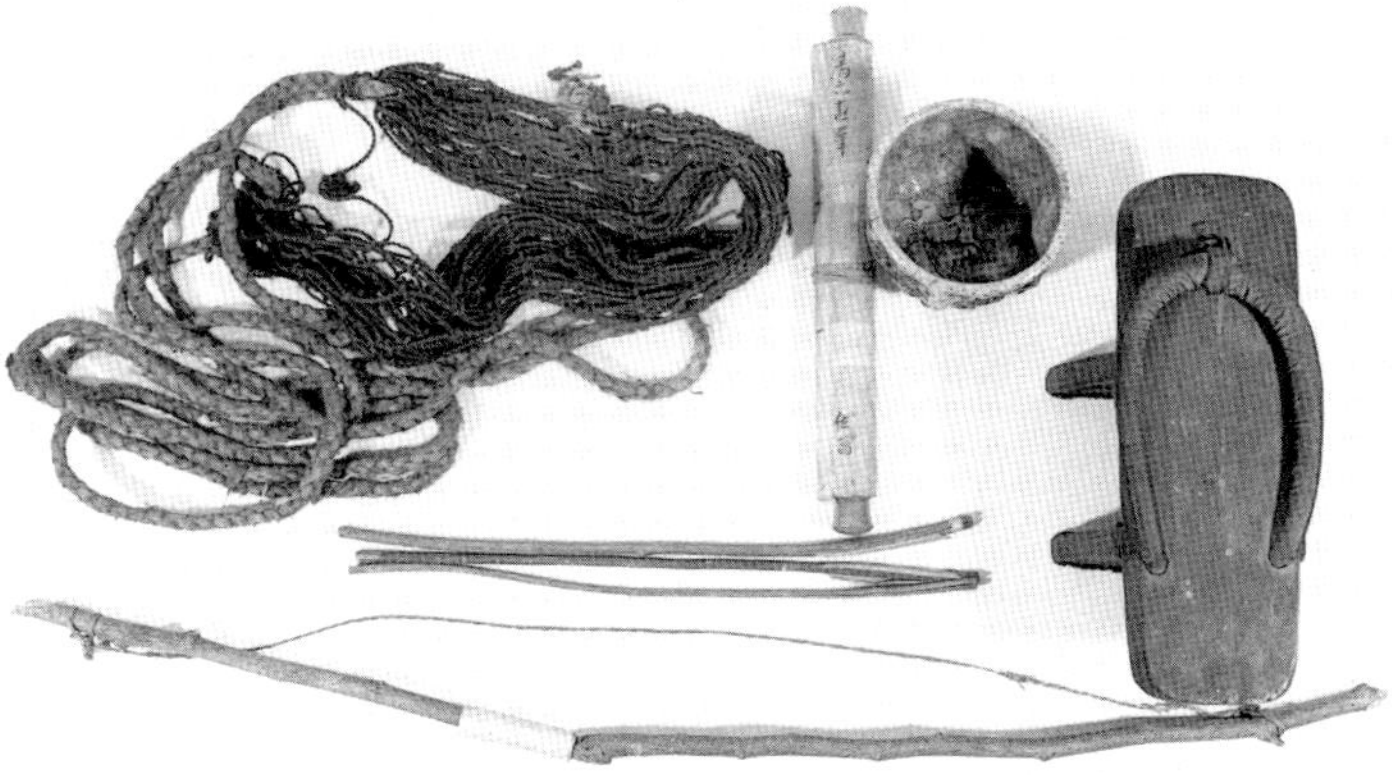

天狗の持ち物　足駄、茶碗、掛軸、荷袋、弓、矢。（遠野市立博物館蔵）

の者が五葉山《ごようざん》で逢ったところ、女は「恐ろしき人」にさらわれ、子供も生んだと言った（七話）。「物」や「恐ろしき人」の正体は分明ではないが、「題目」では「山男」に分類する。漠然としていた存在を山男と解釈したのである。他の話でも、その特徴を「大なる坊主」（二八話）や「大なる男」（三〇話。この話には「三尺ばかりの草履」ともある）というだけで、山男という語は見られない。『遠野物語』にはほとんど使われなかった山男は、わずかに「山男山女に出逢ふ」（五話）や、次の話に見られる程度である。

　昨年のことである。土淵村の里の子が十四五人で早池峰に遊びに行き、思いがけず夕方近くになってしまったので、急いで山を下り、麓に近づく頃、背の高い男が下より急ぎ足で登って来るのに逢った。色は黒く、眼はきらきらとして、肩には麻かと思われる古い浅葱色《あさぎいろ》の風呂敷で、小さな包みを負っていた。恐ろしかったが、子供の中の一人が「どこへ行くか」と声を掛けたところ、「小国《をぐに》さ行く」と答える。この路は小国へ越える方角ではないので、立ちどまり疑ううちに、行き過ぎると思う間もなく、早くも見えなくなった。「山男よ」と口々に言って逃げ帰ったという（九二話）。子供は、この男を山男という語で認識したのである。この話は「昨年のことなり」というから、明治四二年、つい最近の出来事であった。おそらくこの子供の住む土淵では、村中の噂になったはずだ。こうしてみると、遠野では、山男は子供が使うような、比較的新しい語だったのではないか。

　それを裏づけるのは「遠野物語拾遺」だろう。こちらでは、大男とともに、山男という言葉が散見するようになる。しかも、山男のイメージはかなり具体的である。身長は「七尺もあらうか」（拾遺一〇〇話）とか、「五六尺もあつたらうか」（拾遺一〇六話）という。後者は「丈はときく」と、そう答えたとあり、佐々木喜善の質問に答えたものと知られる。こうした聞き方が山男の身長を具体化させたのである。

　また、服装や持ち物は、「普通の木綿のムジリを着て、肩から藤蔓で作つた鞄の様な物を下げて」（拾遺一〇五話）とか、「麻のムジリを著て、藤蔓で編んだ鞄を下げて居た」（拾遺一〇六話）という。この二話は、「大正始め頃のこと」「大正二年の冬頃のこと」とあり、新しい話だった。鞄を持ち、木綿や麻を素材にしたムジリ

天狗森（天ケ森）（松崎町）　天狗森と呼ばれ、天狗が多くいると伝えられる（90話）。

（筒袖の着物）を着ていたのは、この時の風俗の反映にちがいない。山男もまた、近代化したのであった。

一方、山男と並んで、山に住んだ者に天狗がいた。

雞頭山《けいとうざん》は早地峰の前面に立てる峻峰なり。麓の里にては又前薬師とも云ふ。天狗住めりとて、早地峰に登る者も決して此山は掛けず。山口のハネトと云ふ家の主人、佐々木氏の祖父と竹馬の友なり。極めて無法者にて、鉞《まさかり》にて草を苅り鎌にて土を掘るなど、若き時は乱暴の振舞のみ多かりし人なり。或時人と賭《かけ》をして一人にて前薬師に登りたり。帰りての物語に曰く、頂上に大なる岩あり、其岩の上に大男三人居たり。前にあまたの金銀をひろげたり。此男の近よるを見て、気色《けしき》ばみて振り返る、その眼の光極めて恐ろし。早地峰に登りたるが途に迷ひて来たるなりと言へば、然らば送りて遣《や》るべしとて先に立ち、麓近き処まで来り、眼を塞《ふさ》げと言ふまゝに、暫時そこに立ちて居る間に、忽ち異人は見えずなりたりと云ふ。（二九話）

この伝承からすると、前薬師すなわち薬師岳が雞頭山と呼ばれたことになる。

愛宕山（象坪山）の頂上（土淵町） 愛宕山の堂の前にある山神の石塔の建つ場所は、山の神が出ると伝えられる（八九話）。

続石（綾織町） 続石は武蔵坊弁慶が作ったといい、鳥御前はこの上の山で山の神に蹴られる（九一話、拾遺一一話）。

ネッパリ木（附馬牛町）　山の神が12月12日に自分の領分の木を数える時、終わりに二股に分かれて生い立った木を捻っておくので、この日は山に入るのを禁じている（拾遺95話）。こうした木をネッパリ木という。

山の神像（上郷町）

ここは、かねてから、天狗が住んでいると噂された場所で、登山を禁じた山であった。ハネトは佐々木喜善の隣家の屋号で、この時の主人は菊池角之丞であった（『注釈遠野物語』）。この人の体験には、「大男」や「異人」としかないが、これを天狗と見ることは不自然ではない。天狗は、飛行する点に特徴があった（六二話、拾遺九八話、拾遺九九話）から、眼を塞いだ一瞬にいなくなるというのも飛行を表すのだろう。

　薬師岳とともに、天狗が現れるのは、天狗森であった。こちらは松崎村の天ケ森であり、麓の山である。しかし、「天狗森には天狗多く居ると云ふことは昔より人の知る所なり」（九〇話）とされ、人々の恐怖を煽《あお》った。その地名自体、天狗の話が語り継がれてきたことをよく示している。実際、松崎村の若者が顔の赤い大きな男と相撲を取り、その秋、早池峰山に萩苅りに行った際、手足を抜かれた死体で見つかったと伝える。

　『遠野物語』に限定すれば、天狗の話は早池峰山、薬師岳、天ケ森のラインに色濃く現れる。それに対して、山男の話は早池峰山、白望山、六角牛山に多いようだ。そうだとすると、天狗と山男の住み分けが、山奥のイメージにあったことになる。語り手・佐々木喜善の認識したコスモロジーを考えるうえでは重要な視点だろう。

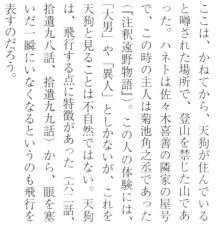

山の神の祟《たた》り

　山男や天狗に次いで、注目しておきたいのが山の神である。

　山口より柏崎へ行くには愛宕《あたご》山の裾を廻《まは》るなり。田圃《たんぼ》に続ける松林にて、柏崎の人家見ゆる辺より雑木の林となる。愛宕山の頂には小さき祠ありて、参詣の路は林の中に在り。登口に鳥居立ち、二三十本の杉の古木あり。其旁《かたはら》には又一つのがらんとしたる堂あり。堂の前には山神の字を刻みたる石塔を立つ。昔より山の神出《い》づと言伝ふる所なり。和野の何某と云ふ若者、柏崎に用事ありて夕方堂のあたりを通りしに、愛宕山の上より降《くだ》り来る丈高き人あり。誰ならんと思ひ林の樹木越しに其人の顔の所を目がけて歩み寄りしに、道の角にてはたと行逢ひぬ。先方は思ひ掛けざりしにや、大に驚きて此方を見たる顔は非常に赤く、眼は耀《かがや》きて且つ如何《いか》にも驚きたる顔なり。山の神なりと知

白望《しろみ》山　マヨイガは白望山の中にあると信じられた（63話、64話）。

りて後《あと》をも見ずに柏崎の村に走り付きたり。（八九話）

愛宕山は象坪《ぞうつぼ》山とも呼ばれる。和野の若者がその山頂から降りて来た背の高い人にばったり出逢ったという話である。この愛宕山の堂の前は、昔から山の神が現れると言い伝えられた場所だったから、この人を山の神と認定したのである。走って逃げた若者の恐怖のほどが推察されるが、山の神も若者とのふいの出逢いに驚いているのが興味深い。

柳田はこの頭注で、「遠野郷には山神塔多く立てり、その処は曾《かつ》て山神に逢ひ又は山神の祟を受けたる場所にて神をなだむる為に建てたる石なり」と述べた。この指摘は、山神の文字を刻んだ石塔の存在と、山の神が現れるという伝承との深い関係を言い当てている。和野の若者の体験も、ここにいう山の神に逢うという類型の一つだったことになる。

山の神は小正月の夜半過ぎに出て遊ぶと恐れられた（一〇二話）が、こんな話もある。それは、もう一つの、山の神の祟りを受ける話に該当する。

元は南部男爵家の鷹匠であり、遠野の町の人が鳥御前という綽名《あだな》で呼んだ人は、山々のことに明るかった。年を取ってから、茸採りに連れと出かけた。綾織《あやおり》村の続石《つづきいし》といって珍しい岩のある所の、少し上の山に入り、鳥御前一人は少し山を登ったが、大きな岩の陰で、赤い顔の男と女とが話をしているのに出逢った。鳥御前が近づくのを見て、彼らは手を広げて制止したが、それにも構わず行くと、女は男の胸に縋《すが》るようにした。しかし、本物の人間でないなら戯れてやろうと腰の切刃《きりは》を抜いて打ちかかったところ、男が蹴ったかと思うと、忽《たちま》ちに前後不覚になった。連れの男が探しまわり、谷底で気絶しているのを見つけ、家に帰ったところ、今日の一部始終を話し、こんなことは今までになく、死ぬかも知れないが、誰にも言うなと語り、三日ほど病んで亡くなった。家族は、その死に方があまりに不思議だからと、ケンコウ院という山伏に相談したところ、「山の神たちの遊べる所を邪魔したる故、その祟をうけて死したるなり」と言った。この人は伊能先生なども知り合いだった。今から十余年前のことである（九一話）。

鳥御前は本名・沖館勝志という人で、人類学者・伊能嘉矩《いのうかのり》の家の向かい側に住んでいた（『注釈遠野物語』）。鳥御前は連れの者に、赤い顔の男女に切刃（鷹匠の笛吹峠から遠野方面を見る　笛吹峠は山男山女に出逢う場所だった（5話）。中央の山が石神山である。

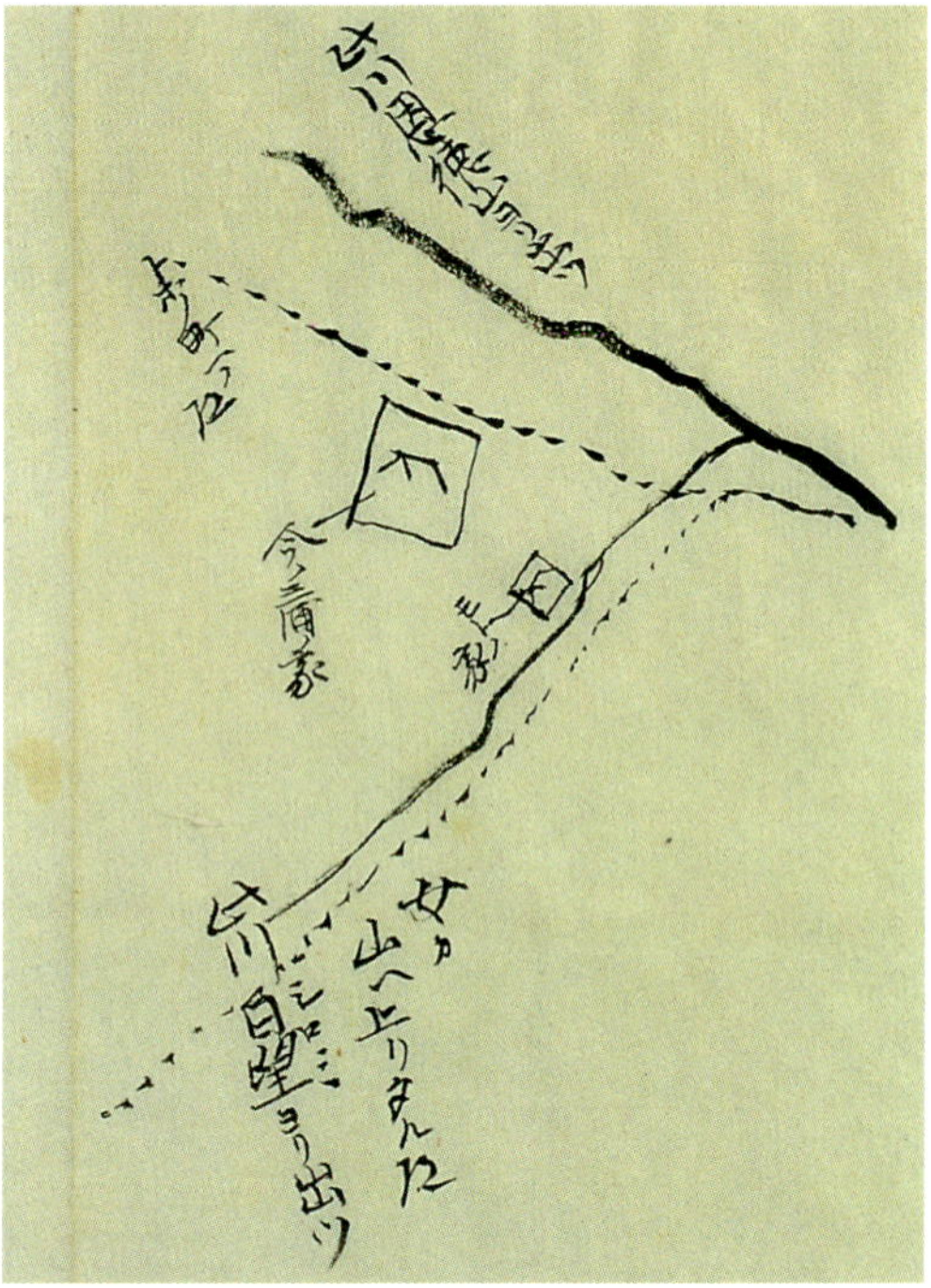

『遠野物語』草稿本・63話の挿絵　「女カ山へ上リタル道」「此川白望《シロミ》ヨリ出ツ」とあり、女は白望山でマヨイガに行き当たったことになる。（遠野市立博物館蔵）

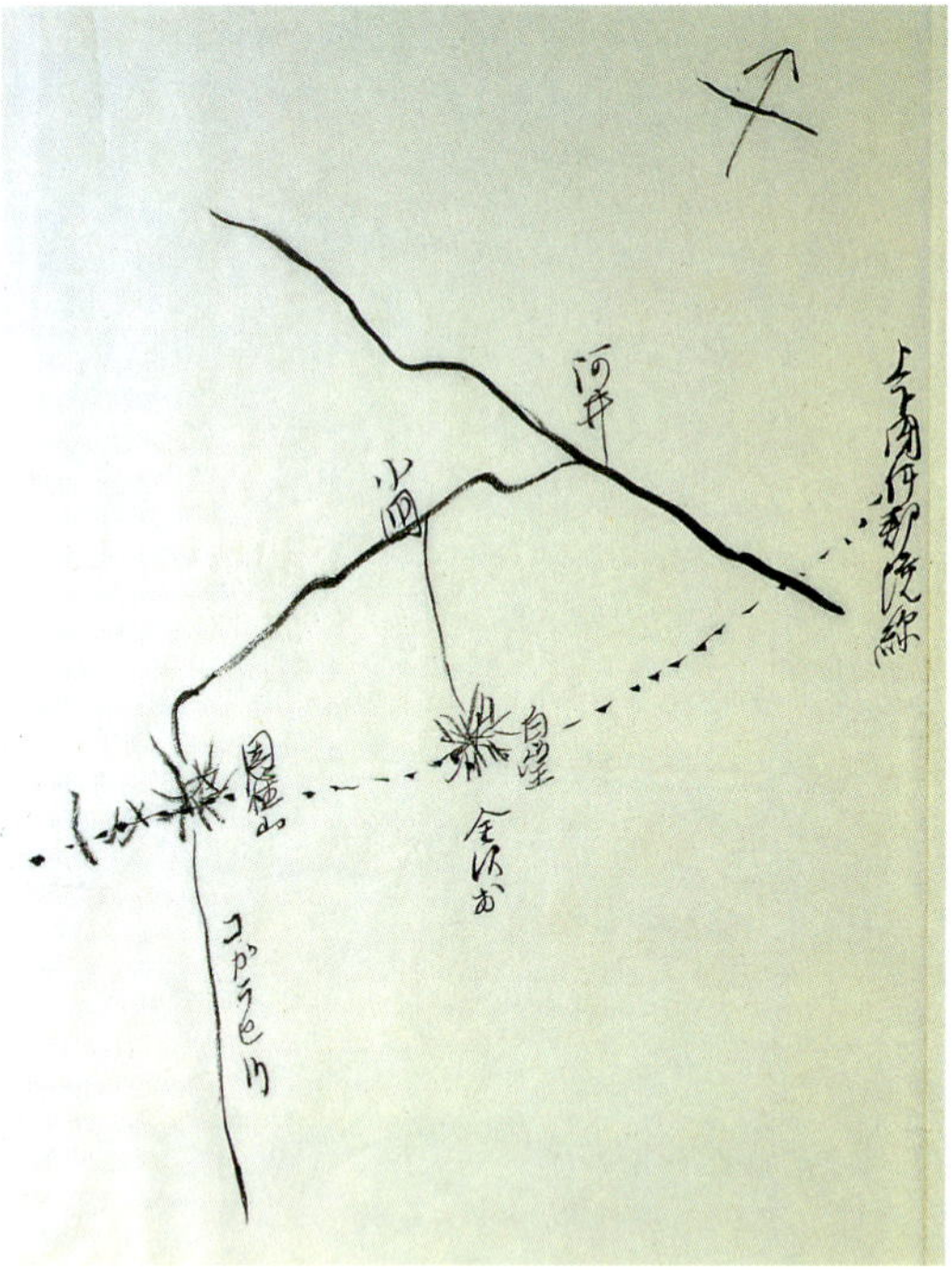

『遠野物語』草稿本・64話の挿絵　男が聟入りした栃内は「コガラセ川」の下流にあり、実家の「金沢村」、マヨイガに行き当たってから出た「小国」の地名が見える。（遠野市立博物館蔵）

使った鋭利な刃物）を抜いて打ちかかり、蹴られて気絶したと話し、他言を禁じたのである。しかし、家族は鳥御前の変死を不思議に思い、山伏のケンコウ院（羽黒派修験の花厳院）に尋ねた。ケンコウ院は、山の神たちが遊ぶのを邪魔したので、その祟りを受けて死んだのだと説明した。山の神の祟りを受けるという類型で解釈したのである。連れの男は、この言を受けて、鳥御前との約束を破って、彼の話を遺族に語ったにちがいない。

マヨイガに迷い込む

山奥にマヨイガという異郷があったことが出てくる。その代表は、小国《おぐに》の三浦家が幸福になった由来を語る話であった。

小国の三浦某と云ふは村一の金持なり。今より二三代前の主人、まだ家は貧しくして、妻は少しく魯鈍なりき。この妻ある日門《かど》の前を流る、小さき川に沿ひて蕗《ふき》を採りに入りしに、よき物少なければ次第に谷奥深く登りたり。さてふと見れば立派なる黒き門《もん》の家あり。訝《いぶか》しけれど門の中に入りて見るに、大なる庭にて紅白の花一面に咲き雞《にはとり》多く遊べり。其庭を裏の方へ廻れば、牛小

屋ありて牛多く居り、馬舎《うまや》ありて馬多く居れども、一向に人は居らず。終に玄関より上《あが》りたるに、その次の間には朱と黒との膳椀をあまた取出したり。奥の坐敷には火鉢ありて鉄瓶の湯のたぎれるを見たり。されども終に人影は無ければ、もしは山男の家では無いかと急に恐ろしくなり、駆け出して家に帰りたり。此事を人に語れども実《まこと》と思ふ者も無かりしが、又或日我家のカドに出で丶物を洗ひてありしに、川上より赤き椀一つ流れて来たり。あまり美しければ拾ひ上げたれど、之を食器に用ゐたらば汚しと人に叱《しか》られんかと思ひ、ケセネギツの中に置きてケセネを量る器と為したり。然るに此器にて量り始めてより、いつ迄経ちてもケセネ尽きず。家の者も之を怪しみて女に問ひたるとき、始めて川より拾ひ上げし由をば語りぬ。此家はこれより幸運に向ひ、終に今の三浦家と成れり。遠野にては山中の不思議なる家をマヨヒガと云ふ。マヨヒガに行き当りたる者は、必ず其家の内の什器家畜何にてもあれ持ち出で丶来べきものなり。其人に授けんが為にか丶る家をば見する也。女が無慾にて何物をも盗み来ざりしが故に、この椀自ら流れて来たりしなるべしと云へり。（六三話）

　これは、マヨイガから流れて来た赤い椀を拾った女が、裕福になったという話である。「門《カド》」は門前の川岸で、水を汲み、物を洗う場所をいう。ケセネは米稗《ひえ》などの穀物、ケセネギツはそれを入れる箱をさす。

　一方、こんな話もある。金沢《かねざわ》村から栃内《とちない》村（土淵村大字栃内）の山崎に入った聟《むこ》が実家に帰ろうとして山路に迷ってマヨイガに行き当たり、恐ろしくなって小国村に出た。小国ではその言葉を信じなかったが、山崎では長者になりたいと思って大勢で捜したものの、ついに見つからなかったという話がある（六四話）。聟は樺坂峠を越えて、金沢村へ向かうはずだったが、北へ逸れて白望山に入り込み、小国村へ出てしまったのである。

　山崎の話では、マヨイガは白望山にあった。先の三浦家の話では、場所が不明だが、草稿本の挿絵を見ると、「女カ山へ上リタル道」に「此川白望《シロミ》ヨリ出ツ」とあって、やはり白望山にあったものと知られる。こうしたマヨイガの存在は、白望山を囲む小国、金沢、栃内で伝えられたことらしい。

　しかし、小国と山崎ではマヨイガに寄せる期待に大きな差があった。否定的な小国で、妻が幸福を得ることができたのは、小国の規範から逸脱しているがゆえに、この人は幸福を得たのである。

　柳田はこれを、山中または水辺の岩窟から膳椀を借りる椀貸《わんかし》伝説の中でとらえ、「遠野物語に伝へられたマヨヒガの膳椀に至つては、其中でも著しく古意を存して居るもので、隠里の思想に附加するに更に増殖又は無尽蔵の思想を表現する長者伝説の分子を以てして居る」と解釈した（「伝説の系統及び分類」）。

峠で出会う不思議

　遠野から海岸の大槌《おおづち》へ越えて行く道としては、笛吹《ふえふき》峠と境木《さかいげ》峠（今は界木《さかいぎ》峠と書く）があった。

　遠野郷より海岸の田ノ浜、吉利吉里《きりきり》などへ越ゆるには、昔より笛吹峠と云ふ山路あり。山口村より六角牛の方へ入り路のりも近かりしかど、近年此峠を越ゆる者、山中にて必ず山男山女に出逢ふより、誰も皆怖《おそ》ろしがりて次第に往来も稀になりしかば、終に別の路を境木峠と云ふ方に開き、和山を馬次場《うまつぎば》

小峠から綾織方面を見る

として今は此方ばかりを越ゆるやうになれり。二里以上の迂路なり。（五話）

笛吹峠は山男や山女に出逢う場所だった。この峠は、青笹村にいた継子の少年が火の中で笛を吹きつつ焼き殺されたという、地名の起源を持つ場所でもあった（拾遺二話）。そこで、山男や山女を避けるために、八キロメートル以上の迂回をしてまで、境木峠を開いたのである。しかし、駄賃（運送）を業としていた菊池弥之助は境木峠を行ったにもかかわらず、笛を吹きながら大谷地を過ぎると、谷底から「面白いぞー」と呼ぶ声がしたという（九話）。話の叙述には「何者」としかないが、「題目」は「山男」に分類する。そうだとすると、「山男山女」の出没は、変更後も相変わらず続いたことになる。

笛吹峠より南、遠野と釜石を結ぶ仙人峠は、鉄道が開通するまで重要な道であった。

仙人峠は登り十五里降り十五里あり。其中程に仙人の像を祀りたる堂あり。此堂の壁には旅人がこの山中にて遭ひたる不思議の出来事を書き識《しる》すこと昔よりの習《ならひ》なり。例へば、我は越後の者なるが、何月何日の夜、この山路にて若き女の髪を垂れたるに逢へり。こちらを見てにこと笑ひたりと云ふ類なり。又此所《ここ》にて猿に悪戯《いたづら》をせられたりとか、三人の盗賊に逢へりと云ふやうなる事をも記せり。（四九話）

仙人堂の壁の落書きは、話を増幅するのに一役買ったにちがいない。不思議の出来事は、若き女、猿、盗賊と雑多だが、「若き女」が山女ならば、この峠にも出現したことになる。ここには、昔、千人沢の金山が崩れて、千人の金掘りが一時に死んだという口碑があり、あるいは仙人が生きているという説もあった（拾遺五話）。

綾織村から宮守《みやもり》村に越える路に、小峠という所がある。その傍らの笠《かさ》の通《かよう》という山にキャシャというものがいて、死人を掘り起してはどこかへ運んで行って食うと伝えている。また、葬式の時に棺を襲うとも言い、その記事が『遠野古事記』にも出ているが、その怪物であろう。笠の通の付近で怪しい女が出て歩くのを見た人が幾人もある。その女は前帯に赤い巾着《きんちゃく》を結び下げているという。宮守村の某という老人が若い時に、この女と行き逢ったことがある。かねてから聞いていたように、巾着を付けた女だったから、生け捕って手柄にしようと思い、組打ちをして揉《も》み合っているうちに、手足が痺《しび》れ出して動かなくなり、遂に取り逃がしてしまったそうだ（拾遺一一二話）。この峠には、キャシャや、前帯に赤い巾着を付けた女が出没した。キャシャは「魍魎《クハシヤ》」（宇《う》夫《ぶ》方広隆《かたひろたか》撰著『遠野古事記』。宝暦一三年序。遠野の歴史・風俗を記した書）とある。広く猫の化けたものと伝えられる（『遠野物語小事典』）。また、怪しい女は、生け捕ろうとする人の手足を麻痺させるという（『遠野のくさぐさ』）。

遠野は峠を行き来して周辺の地域とつながっていた。それだけに種々の物資とともに、話も峠を越えて行き来したにちがいない。そんな断片が『遠野物語』には記録されていることがうかがえる。

遠野物語

川の世界

高清水山から猿ケ石川を見る

伝へ言ふ、遠野郷の地大昔はすべて一円の湖水なりしに、其《その》水猿ケ石川と為りて人界に流れ出《い》でしより、自然に此《かく》の如き邑落《いふらく》をなせしなりと。されば谷川のこの猿ケ石に落合ふもの甚だ多く、俗に七内八崎《ななないやさき》ありと称す。内《ない》は沢又は谷のことにて、奥州の地名には多くあり。

鷲崎（遠野町）　流れるのは早瀬川。

大昔は一円湖水だった

『遠野物語』の冒頭を飾る一話は、遠野の地形が現在のようになった起源を語った伝説を書き留める。

遠野郷は今の陸中上閉伊《かみへい》郡の西の半分、山々にて取囲まれたる平地なり。新町村にては遠野、土淵《つちぶち》、附馬牛《つくもうし》、松崎、青笹、上郷、小友《をとも》、綾織、鱒沢《ますざは》、宮守《みやもり》、達曾部《たつそべ》の一町十ケ村に分つ。近代或は西閉伊郡とも称し、中古には又遠野保《とほのほ》とも呼べり。今日郡役所の在る遠野町は即ち一郷の町場にして、南部家一万石の城下なり。城を横田城とも云ふ。此《この》地へ行くには花巻の停車場にて汽車を下り、北上川を渡り、其《その》川の支流猿ケ石川の渓《たに》を伝ひて、東の方へ入ること十三里、遠野の町に至る。山奥には珍らしき繁華の地なり。伝へ言ふ、遠野郷の地大昔はすべて一円の湖水なりしに、其水猿ケ石川と為りて人界に流れ出《い》でしより、自然に此《かく》の如き邑落《いふらく》をなせしなりと。されば谷川のこの猿ケ石に落合ふもの甚だ多く、俗に七内八《ななないや》崎《さき》ありと称す。内《ない》は沢又は谷のことにて、奥州の地名には多くあり。（一話）

前半は、遠野郷の行政区分とその変遷を述べ、さらに遠野町の城下町としての歴史に触れ、遠野町に行く手段を解説する。すでに多くの指摘があるように、簡潔にして要領を得た叙述であり、個々の記述が見事に呼応している。特に「此地へ行くには……」と書いたとおり、柳田自身も遠野に行ったことは、すでに述べた。こうした案内記風の語り口によって、読者は東京から旅するように物語の世界に入ってゆくことになる。

後半は、そうした状態にある現在の遠野郷は、大昔、湖水であったが、その水が猿ケ石川となって流れ出し、自然に集落が形成されたのだという言い伝えを記す。それゆえに、谷川は猿ケ石川に落ち合い、七内八崎があると言われる。「七内」は西内・水内・小水内・上栃内《かみとちない》・下栃内・来内《らいない》・佐比内《さひない》、「八崎」は山崎・野崎・須崎・須木崎・柏崎・松崎・矢崎・林崎をさすという（『遠野のくさぐさ』）。

かつて湖水であった地の水が流れ出て、現在の土地ができたとする伝説は、全国に見られ、遠野だけではなかった。これも話の一類型だったが、この叙述には、「一円の湖水なりし」「人界に流れ出でし」「邑落をなせしなり」のような体験を表す

閉伊川における鮭の遡上　宮家の元祖の場合は、鮭に乗って、気仙口から気仙川を遡上したことになる。

過去の助動詞が多用される。これは、この話が深く信じられてきたことを表現している。

こうした起源に歴史を付与しようとしたのが、地名をアイヌ語から説明しようとする説だった。柳田も頭注で、「遠野郷の**トー**はもと**アイヌ**語の湖といふ語より出でたるなるべし、**ナイ**も**アイヌ**語なり」と述べた。ほかにも、達曾部と来内（二話頭注）、大谷地《おおやち》（九話頭注）、似田貝《にたがい》（六八話頭注）をアイヌ語から解説している。極めて断片的な指摘に止まるが、地名にアイヌ文化の痕跡を見ようとしたのである。

だが、それは柳田独自の発想ではなかった。いち早くこれを主張したのは、人類学者・伊能嘉矩《いのうかのり》だった。伊能は「遠野瑣談」で、「遠野といふ地名は「トーノ」と読むので、其の起原はアイヌ語から出でたもの、如く思はるゝ、即ち「トイノンノ」といふ言葉は、之《これ》が本源語であつて、其《そ》の意味は、庭の花といふ義である」と述べていた（『遠野新聞』）。しかし、これを全面的に展開した「閉伊地名考」では、「遠野To（湖）Nup（丘原）の義、蓋《けだ》し遠野盆地の自然の地勢上往古東夷の占居時代に一大湖水を形づくりしは事実なるべし」（『遠野方言誌』）と、語源を修正した。アイヌ語起源説から、伝説は往古東夷の占居時代の事実であったと認定する論法である。

鮭に乗ってきた一族

「遠野物語拾遺」には、遠野盆地が湖水だったころの逸話として、鮭に乗ってきた一族の話が伝わる。

遠野の町に宮といふ家がある。土地で最も古い家だと伝へられて居る。此家の元祖は今の気仙口《けせんぐち》を越えて、鮭に乗つて入つて来たさうだが、其当時はまだ遠野郷は一円に広い湖水であつたといふ。その鮭に乗つて来た人は、今の物見《ものみ》山の岡続き、鶯崎《うぐひすざき》といふ山端《やまばた》に住んで居たと聴いて居る。其頃はこの鶯崎に二戸愛宕《あたご》山に一戸、其他若干の穴居の人が居たばかりであつたとも謂つて居る。この宮氏の元祖といふ人は或日山に猟に行つたところが、鹿の毛皮を著《き》て居るのを見て、大鷲が其襟首をつかんで、攫《さら》つて空高く飛揚がり、遥か南の国のとある川岸の大木の枝に羽を休めた。その隙に短刀を以て鷲を刺し殺し、鷲もろ共に岩の上に落ちたが、

小烏瀬川（土淵町）　河童淵としては常堅寺の裏の淵が有名だが、この合流点もそう呼ばれてきた。

そこは絶壁であつて如何《どう》することも出来ないので、下著の級布《まだぬの》を脱いで細く引裂き、これに鷲の羽を綯《な》ひ合せて一筋の綱を作り、それに伝はつて水際まで下《お》りて行つた。ところが流れが激しくて何としても渡ることが出来ずに居ると、折よく一群の鮭が上つて来たので、其鮭の背に乗つて川を渡り、漸く家に帰ることが出来たと伝へられる。

（拾遺一三八話）

前半は、宮家は遠野草分けの家で、その始祖は鮭に乗って、陸前高田の気仙口から気仙川を遡上し、当時まだ湖水であった遠野に入り、鶯崎に定住したことを語る。さらに加えられた話からすると、穴居の人が住んでいたところに、新たに入ってきた家が、物見山周辺に家を構えたということだろう。その一つに、宮家があった。魚に乗ってやって来るというのは一つの類型であり、それを踏襲している。

後半は、この始祖が大鷲にさらわれたが、やはり鮭に乗って生還したという話であった。鷲にさらわれるというのもよく知られた類型であり、それは偉人の証明になった。それに鮭に乗るという類型を組み合わせて、この話は形成されてい

相沢の滝（土淵町）　山口川の姥子淵にいた河童は、上流の相沢の滝に去ったという（58話）。写真では大きく見えるが、実際には驚くほど小さい。

太郎河童（松崎町）　猿ケ石川には特に河童が多いという（55話）。太郎河童は、洗濯や水仕事などで川岸にいると、水面から顔を出してのぞきこんだという。

る。鳥と魚、空と川の対照が鮮やかである。こうした話が家の特権性を付与したことは、容易に想像される。

　後半の異伝としては、別にこんな話もある。この男は気仙の今泉に上陸して、鮭漁場の帳付になるが、今泉と高田との境界争いの仲裁ができず、胴体の流れたほうを今泉の漁場とし、首の流れたほうを高田の漁場とせよと言って自害し、争いが止んだ。その後、その子孫は遠野に帰り住み、祖先が鮭のために生き、鮭のために死んだのを偲び、鮭を食うことを禁じたという（『遠野町古蹟残映』所収「遠野史料」）。

　宮の家が鶯崎に住んでいた頃、愛宕山には、今の倉堀家の先祖が住んでいた。ある日、倉堀の方の者が御器洗場《ごきあらいば》に出ていると、鮭の皮が流れて来た。「是は鶯崎に何か変事があるに相違ない」と言って、早速船を仕立てて出かけ、その危難を救った。そんなことから、この宮家では、後々永く鮭を決して食わなかった（拾遺一三九話）。御器洗場は愛宕山の西麓に流れ落ちて、猿ケ石川に注ぐ小川をさすという（『遠野のくさぐさ』）から、倉堀家の生活圏だった。ここに、鮭の皮が流れてきたことによって、宮家に何かあったと直感し、救援に行ったのである。「変事」とも「危難」ともいう出来事の具体的な内容は知られないが、たとえ助けられたにせよ、宮家が零落したこと、少なくとも倉堀家との関係で言えば、下位になったことは否定できない。

　さらに宮家の開けぬ箱の話が続く。宮家には、開けぬ箱というものがあった。開けると眼が潰れるという、先祖以来の厳しい戒めがあったが、今の代の主人は「おれは眼がつぶれてもよいから」と言って、三重になっている箱を段々に開いて見た。そうすると、中にはただ市松紋様のようなかたのある布片《きれ》が、一枚入っていただけであったそうだ（拾遺一四一話）。家宝として開けぬ箱を持つというのも、よくある類型である。そのタブーを破って主人がこれを開けると、市松紋様の布片一枚だったという。この布片は、すでに指摘があるように、その正体は鮭の皮だろう。しかも、先の危機を救った鮭の皮にちがいない。だから、この一族は鮭を食わず、この皮を大切にしてきたのである。しかし、箱を開けたということは、この家の神秘な由来が崩れたことを意味するのではないか。

　しかし、この箱を開けた後、主人の眼

馬槽（附馬牛町）　馬槽は馬の食べる飼料を入れる。左上に馬の描かれた札が貼られているが、これは駒形神社で配られる。河童と馬槽は縁が深い（55話、58話）。

カッパ狛犬（土淵町）　常堅寺の十王堂の前にある。

カッパ淵（土淵町）　常堅寺の裏手にある。その奥には阿部屋敷の跡がある。

が見えなくなったとは記されていない。この叙述からは何の異変もなかったようである。もはや家のタブーが機能しなくなっていることになる。別の話では、米《よ》内《ない》某の父が無理に乞うて開けて見て、この人は眼が見えなくなったとする（『遠野史料』）。この話では、まだ家の信仰は固く、タブーも機能していることになる。

河童《かっぱ》と女、そして馬

川には、河童が住んでいた。他の土地では河童の顔は青いと言うようだが、遠野の河童は赤かった。佐々木《ささき》喜善《きぜん》の曾祖母は、胡桃《くるみ》の木の間に真っ赤な顔の男の子を見たが、これは河童だった（五九話）。また、雨の翌日などには、川岸に河童の足跡というものを見ることが多かった（五七話）。

　こうした河童の子を産んだという話がある。

　川には河童多く住めり。猿ケ石川殊に多し。松崎村の川端《かはばた》の家《うち》にて、二代まで続けて河童の子を孕《はら》みたる者あり。生れし子は斬り刻みて一升樽に入れ、土中に埋《うづ》めたり。其形極めて醜怪なるものなりき。女の聟《むこ》の里は新張《にひばり》村の何某とて、これも川端の家なり。其主人人に其始終を語れり。かの家の者一同ある日畠に行きて夕方に帰らんとする

光明寺の曼陀羅(綾織町)　天人児の織った曼陀羅を、殿様は光明寺に納めた(拾遺3話)。寺では、「お曼陀羅と地名「綾織」の由来」というパンフレットを配っている。

に、女川の汀《みぎは》に踞《うづくま》りてにこ〳〵と笑ひてあり。次の日は昼の休に亦《また》此事あり。斯《か》くすること日を重ねたりしに、次第に其女の所へ村の何某と云ふ者夜々《よるよる》通ふと云ふ噂立ちたり。始には聟が浜の方へ駄賃附《だちんづけ》に行きたる留守をのみ窺ひたりしが、後には聟と寝たる夜さへ来るやうになれり。河童なるべしと云ふ評判段々高くなりたれば、一族の者集りて之を守れども何の甲斐も無く、聟の母も行きて娘の側に寝たりしに、深夜にその娘の笑ふ声を聞きて、さては来てありと知りながら身動きもかなはず、人々如何《いか》にともすべきやうなかりき。其産は極めて難産なりしが、或者の言ふには、馬槽《うまふね》に水をたゝへ其中にて産まば安く産まるべしとのことにて、之を試みたれば果して其通りなりき。その子は手に水掻《みづかき》あり。此娘の母も亦曾《またかつ》て河童の子を産みしことありと云ふ。二代や三代の因縁には非《あら》ずと言ふ者もあり。此家も如法の豪家にて〇〇〇〇〇と云ふ士族なり。村会議員をしたることもあり。(五五話)

この話は、村の男との密通事件だったが、やって来る男の正体は河童だろうという評判が高くなるにつれて噂は否定さ

御前沼（青笹町）　御前沼は天人児が水浴びをした沼といい、沼の御前という神が祀られていたが、朽ちてなくなったという（拾遺3話）。

れたのだろう。難産の結果、河童の子を産むが、斬り刻んで一升樽に入れ、土中に埋めて処分したのである。手に水掻があったというのが、まぎれもない河童の子であった証拠になる。

上郷村の某家でも河童らしき物の子を産み、道ちがえ（道が二つに分かれる場所）に持って行って棄てたが、売って見せ物にしたら金になるだろうと思って戻ると、もう取り隠されて見えなかったという話もある（五六話）。この話は、村の習慣として棄てることと、都市の見せ物に売ることとの狭間に位置する。

佐々木喜善は後に、「河童の子を生んだ女」という話を報告している（『農民俚譚』）。これは煙山村（現、矢巾町）の事例であった。つまり、河童の子を産むという話型が広く流布していて、それを利用したのである。先の話は「其主人人に其始終を語れり」とあるように、女の家の主人から積極的に語り始められている。それにこの一族と聟の一家が参与して事実化されたのである。しかし、それが密通の隠蔽だったことは否定しがたい。

やや異なる話に、河童が馬を川に引き込もうとした話がある。

小烏瀬《こがらせ》川の姥子淵《をばこふち》の辺に、新屋《しんや》の家《うち》と

云ふ家あり。ある日淵へ馬を冷しに行き、馬曳《うまひき》の子は外《ほか》へ遊びに行きし間に、河童出で、其馬を引込まんとし、却《かへ》りて馬に引きずられて廏の前に来り、馬槽に覆《おほ》はれてありき。家の者馬槽の伏せてあるを怪しみて少しあけて見れば河童の手出でたり。村中の者集りて殺さんか宥《ゆる》さんかと評議せしが、結局今後は村中の馬に悪戯《いたづら》をせぬと云ふ堅き約束をさせて之を放したり。其河童今は村を去りて相沢の滝の淵に住めりと云ふ。（五八話）

よく似た話が橋野の五郎兵衛淵《ごろべえぶち》にある（拾遺一七八話）。それでは、河童は詫《わび》証文《じょうもん》を入れたことになっている。柳田国男は五八話の頭注で、「此話などは類型全国に充満せり苟《いやし》くも河童のをるといふ国には必ず此話あり何の故にか」と述べた。後に柳田自らこの理由を追究し、『山島民譚集』の「河童駒引」の章で、年々馬を水の神に供えた儀式に発すると論証したのである。

淵と沼と池と

昔、青笹の池に天人児《てんにんこう》が来て、衣裳を脱いで水浴びをしたが、惣助《そうすけ》が盗んでしまった。天人児は返してくれと頼んだが、惣助は殿様に上げて来たと嘘をついた。そこで天人児は蓮華を植え、花が咲くと糸を引いて機を織った。惣助は隠していた衣裳を本当に殿様に献上してしまった。天人児は曼陀羅を織り上げ、殿様へ上げることにした。殿様はこれを織った女を見たいというので、奉公する。そして土用乾しの時、衣裳を見付けて身に着け、六角牛山《ろっこうし》の方へ飛んで行ってしまった。殿様は嘆き、曼陀羅を今の綾織村の光明寺に納めた。池には沼の御前が祀られている（拾遺三話）。

いわゆる天人女房の伝説である。よく似た話は綾織村にもあり、光明寺にはその綾の切れがあるといい、光明寺の外にも曼陀羅を伝えた寺があるという話である（拾遺四話）。こうした話には綾織という地名の起源が付着しているが、おそらく光明寺を中心に流布したものと推定される。実際、光明寺には、天人が織ったと伝える曼陀羅の断片が残り、こうした話を事実らしくしている。「遠野物語拾遺」は、沼の御前を祀るという結末から、これを「神の始」に分類した。しかし、これも、「題目」で「淵と沼と」に括られた話の一つとみることができる。実際、「遠

母也明神（松崎町）　娘夫婦を川に沈めてしまい、自分も悲しんで身を投げた巫女を祀る（拾遺28話）。

野物語拾遺」には、淵、沼、池などに関する伝説が多い。

猿ケ石川の流れを変えたら娘をやると祈り、それが実現すると、召使いの女を川に突き落とした話（拾遺二五話）や、やはり、娘をやるから川の流れを変えてくれと言い、娘の代わりを乞食の母娘に頼んだ話（拾遺二六話）がある。その後、前者は男が二〇歳にならぬうちに死に、後者は女の子が一八歳までしか育たないという伝えを記している。男や女が長生きしないというかたちで祟《たた》ったというのである。

だが、盲目の夫婦の丹蔵という子が川に落ちて死に、夫婦も後を追って身を投げた話（拾遺二七話）や、巫女が気に入らぬ聟を沈めようと謀って、一人娘も白馬に乗ったまま沈めてしまい、自分も悲しんで身を投げた話（拾遺二八話）もある。前者は盲神の祠を建て、眼病に御利益があると言われ、後者は人柱の夫婦と馬を堰神様《せきがみさま》と崇め、母を母也《ぼなり》明神の祠に祀った。こうした祭りを営むことによって、利益や安全を施すようになると信じられたのである。

また、東禅寺が盛岡に移る時、淵に沈んだ雌釜《めがま》の話（拾遺二二話）や竜宮から来た鐘が沈んでいるという松崎沼の話（拾遺二三話）など、釜や鐘の沈んでいるという淵沼は多かった。松崎沼には、機を織る音が聞こえたとか、松川姫が入水したという話もある（拾遺三一話）。こうしてみると、淵に沈むのは多くの場合、女や子供であり、哀愁を帯びた話ばかりであることに気がつく。

もう一つ注意されるのは、雨乞いとのつながりであろう。松崎村の妻《さい》ノ神《かみ》の山中の小池は、悪戯すると雨が降り、その者にはよいことがないというが、それを信じなかった男が、馬の骨や木石の類を投げて発狂し、変死を遂げたという話がある（拾遺四二話）。土淵村の新山《しんざん》の池に人影がさすと、雨が降ると伝える（拾遺四一話）。

「遠野物語拾遺」にこうした伝説が多いのは、『遠野物語』の時以上にこうした関係の話を意識的に集めたからに他ならない。そのためか、遠野郷の外の話も結構入り込んできている。それは、柳田や佐々木が深い関心を抱いていたことと連絡しているにちがいない。

遠野物語

里の世界

ダンノハナの入口を見渡す

山口、飯豊《いひで》、附馬牛《つくもうし》の字荒川東禅寺及火渡《ひわたり》、青笹の字中沢並に土淵《つちぶち》村の字土淵に、ともにダンノハナと云ふ地名あり。その近傍に之《これ》と相対して必ず蓮台野と云ふ地あり。昔は六十を超えたる老人はすべて此《この》蓮台野へ追ひ遣《や》るの習《ならひ》ありき。

ダンノハナの共同墓地（土淵町）

ダンノハナとデンデラ野

遠野の集落の特徴を考える時、ダンノハナとデンデラ野の構造が一際注目される。

山口、飯豊《いひで》、附馬牛《つくもうし》の字荒川東禅寺及火渡《ひわたり》、青笹の字中沢並に土淵《つちぶち》村の字土淵に、ともにダンノハナと云ふ地名あり。その近傍に之《これ》と相対して必ず蓮台野と云ふ地あり。昔は六十を超えたる老人はすべて此《この》蓮台野へ追ひ遣《や》るの習《ならひ》ありき。老人は徒《いたづら》に死んで了《しま》ふこともならぬ故に、日中は里へ下り農作して口を糊《ぬら》したり。その為に今も山口土淵辺にては朝《あした》に野らに出《い》づるをハカダチと云ひ、夕方野らより帰ることをハカアガリと云ふと云へり。（一一一話）

この頭注で、柳田は「**ダンノハナ**は壇の塙なるべし即ち丘の上にて塚を築きたる場所ならん境の神を祭る為の塚なりと信ず蓮台野も此類なるべきこと石神問答の九八頁に言へり」と自説を述べた。しかし、ダンノハナは昔、館《たて》のあった時代に囚人を斬った場所だろうと伝え（一一二話）、当時、山口のダンノハナは共同墓地であったともある（一一四話）。

柳田は蓮台野と表記した。蓮台野は蓮台に乗って極楽浄土へ行くところから、墓地・火葬場を指すので、柳田もそう解釈したにちがいない。だが、遠野の言葉では普通、デンデラ野またはデンデラ野と呼んでいた（拾遺二六六話、拾遺二六八話）。そして、ここは六〇歳を越えた老人を棄てる場所だった。いわゆる棄老伝説の一種である。

この話からは、ダンノハナとデンデラ野とが集落を間に置いて向かい合う空間構造をもっていたことがわかる。その空間は同時に、時間をも内包していた。生の空間である集落と、老いの空間であるデンデラ野、そして、死の空間であるダンノハナが人生儀礼のなかで循環する構造をとっているのである。これは、空間による優れた時間の演出であった。

さらに老人の労働を、ハカダチとハカアガリの言葉で説明するが、ハカは仕事の分量を言い、ハカダチは仕事に出かけること、ハカアガリは仕事から帰ることを言ったが、それを、この伝説で解釈したものだという（『注釈遠野物語』）。そうした語源への関心とともに、老いを生きぬくために、生の空間である集落との回路があったことは注目されよう。

さらに山口のダンノハナと蓮台野は、

ダンノハナにある佐々木喜善の墓（土淵町）　山下久男の依頼によって、折口信夫が文字を書いた。

石器や土器などの遺物が出土したという（一一二話）。山口孫左衛門の先祖も、ダンノハナに近いボンシャサの館《たて》に住んでいたと伝える（一一四話）。伝えられる棄老伝説の古層に、遺物や地名、逸話がからんで語られ、隠された歴史の複雑さをうかがわせる。

また、青笹村のデンデラ野は、夜中に人が通る時、男ならば山歌を歌ったり馬の鳴輪の音をさせたりし、女ならば平生の歌を小声で歌ったりすすり泣きをしたりすると、間もなく人が死ぬという（拾遺二六六話）。その声は戦争場《いくさば》まで行って止むというから、そこが死者の行く場所であり、デンデラ野はやはり生から死への通過地点であった。

村々のデンデラ野については、こうも説明される。昔は、老人が六〇になると、デンデラ野に棄てられたものだという。青笹村のデンデラ野は、上郷村、青笹村の全体と、土淵村の似田貝《にたがい》、足洗川《あしらが》、石田、土淵等の部落の老人達が追い放たれた所と伝えられ、方々の村のデンデラ野にも皆それぞれの範囲が決まっていたようである。土淵村字高室《たかむろ》にもデンデラ野と呼ばれている所があるが、ここは、栃内、山崎、火石、和野、久手《きゅうて》、角城《かくじょう》、林崎、柏崎、水内《みずない》、山口、田尻、大洞《おおほら》、丸《まる》古立《こだち》などから老人を棄てたところだと語り伝えている（拾遺二六八話）。青笹村のデンデラ野は上郷村、青笹村と土淵村の一部を範囲とし、土淵村字高室のデンデラ野は土淵村の大半を範囲とすることになり、規模が大きい。本来、集落ごとにあったデンデラ野が次第に統廃合されて、大きくなったのだろうか。

ザシキワラシの出た家

旧家にはザシキワラシと云ふ神の住みたまふ家少なからず。此神は多くは十二三ばかりの童児なり。折々人に姿を見することあり。土淵村大字飯豊の今淵勘十郎と云ふ人の家にては、近き頃高等女学校に居る娘の休暇にて帰りてありしが、或日廊下にてはたとザシキワラシに行き逢ひ大に驚きしことあり。これは正《まさ》しく男の児なりき。同じ村山口なる佐々木氏にては、母人ひとり縫物して居りしに、次の間にて紙のがさ〳〵と云ふ音あり。此室は家の主人の部屋にて、其《その》時は東京に行き不在の折なれば、怪しと思ひて板戸を開き見るに何の影も無し。暫時《しばらく》の間坐《すわ》りて居れ

デンデラ野（蓮台野）（土淵町）

山口孫左衛門家の跡（土淵町）　佐々木喜善の生家の上に位置し、古井戸がある。

ばやがて又頻に鼻を鳴《なら》す音あり。さては坐敷ワラシなりけりと思へり。此家にも坐敷ワラシ住めりと云ふこと、久しき以前よりの沙汰なりき。此神の宿りたまふ家は富貴自在なりと云ふことなり。（一七話）

柳田が頭注で、「**ザシキワラシ**は坐敷童衆なり」というように、ザシキワラシは座敷に住むと信じられた子供であった。旧家に住み、住んでいるその家は豊かであり、時に姿を見せたり時に音を立てたりして、存在を感じさせたのである。後に、柳田は『妖怪談義』でこれを「妖怪」に分類するが、『遠野物語』の叙述では、あくまでも「神」であった。

しかし、ザシキワラシがその家を出てしまうと、その家は急速に没落する。そんな代表に、土淵村の山口孫左衛門の家があった。

ザシキワラシ又女の児なることあり。同じ山口なる旧家にて山口孫左衛門と云ふ家には、童女の神二人いませりと云ふことを久しく言伝へたりしが、或年同じ村の何某と云ふ男、町より帰るとて留場《とめば》の橋のほとりにて見馴れざる二人のよき娘に逢へり。物思はしき様子にて此方へ来る。お前たちはどこから来たと問へば、おら山口の孫左衛門が処から来たと答ふ。此《これ》から何処《どこ》へ行くのかと聞けば、それの村の何某が家

遠野のオシラサマ・貫頭型　オシラサマが頭を出した形態の場合、研究上の分類で貫頭型と呼ぶ。

にと答ふ。その何某は稍《やや》離れたる村にて今も立派に暮せる豪農なり。さては孫左衛門が世も末だなと思ひしが、それより久しからずして、此家の主従二十幾人、茸《きのこ》の毒に中《あた》りて一日のうちに死に絶え、七歳の女の子一人を残せしが、其女も亦《また》年老いて子無く、近き頃病みて失せたり。（一八話）

孫左衛門の家には童女の神が二人いると噂されていた。それゆえ、村の何某は、二人の娘がその家から出てゆくことを聞いて、没落を直感したのである。その直感どおり、この一家は毒茸にあたり、七歳の女の子一人を残して死に絶えたのである。この話は孫左衛門の家の没落を語ることに主眼があるためか、ザシキワラシの行き先ははっきりしないが、気仙の稲子沢《いなこざわ》の家へ行くとする話（『奥州のザシキワラシの話』『老媼夜譚』）もある。

孫左衛門の家では、梨の木の周囲に生えた見馴れぬ茸を、主人が制したにもかかわらず、一家で食べて亡くなったが、七歳の女の子は外で遊びに気を取られて昼飯を食いに帰らなかったために助かったという（一九話）。この凶変の前には、刈り置いた秣《まぐさ》（馬の飼料）の中にいた蛇を、主人が制したのに打ち殺したことがあった（二〇話）。

そもそも家のあたりに出る蛇は先祖であると言われ、殺してはならぬものだった（拾遺一八一話）。この蛇殺しは、言わば先祖殺しを意味したのである。しかも、他の話を見ると、殺された蛇はその場所で毒茸に生まれ変わっている（拾遺二二八話）。おそらく孫左衛門の家の場合も同様で、蛇が祟《たた》ったというのであろう。

最後の孫左衛門は狐と親しくなって家を富ます術を得たいと考え、稲荷の祠を建て、京に上って神階を請けて帰ったとも伝えられる（二一話）。この主人が家人を制することができなかった原因も、こうした安易な考え方にふけり、労働の現場から離れてしまったことにあったということになる。そんな家が没落することは仕方がないことのように思われる。

『遠野物語』を出した後、佐々木喜善はザシキワラシを調べ、『奥州のザシキワラシの話』を刊行した。そのためだろうか、「遠野物語拾遺」にはザシキワラシの話は少ない。断片的に記された話には、綾織村の元御姫様のザシキワラシの話（拾遺八七話）や、遠野町の村兵《むらひょう》の御蔵《おくら》ボッコの話（拾遺八八話。本書八六頁）など、家が貧乏になったとするものが多かった。

遠野のオシラサマ・包頭型　オシラサマが頭を包んだ形態の場合、研究上の分類で包頭型と呼ぶ。

オシラサマの由来を語る

東北の民間信仰として知られるようになったオシラサマの由来が記されている。貧しい百姓の娘と馬が愛し合い夫婦になったことを知った父が、桑の木に馬をつり下げて殺すと、娘がそれに縋《すが》って泣くので、父が怒って馬の首を切り落とすと、娘はその首に乗って昇天してしまった、という話である。

今の土淵村には大同《だいどう》と云ふ家二軒あり。山口の大同は当主を大洞《おほほら》万之丞と云ふ。此人の養母名はおひで、八十を超えて今も達者なり。佐々木氏の祖母の姉なり。魔法に長じたり。まじなひにて蛇を殺し、木に止れる鳥を落しなどするを佐々木君はよく見せてもらひたり。昨年の旧暦正月十五日に、此老女の語りしには、昔ある処に貧しき百姓あり。妻は無くて美しき娘あり。又一匹の馬を養ふ。娘此馬を愛して夜になれば厩舎《うまや》に行きて寝《い》ね、終に馬と夫婦に成れり。或夜父は此事を知りて、其次の日に娘には知らせず、馬を連れ出して桑の木につり下げて殺したり。その夜娘は馬の居らぬより父に尋ねて此事を知り、驚き悲しみて桑の木の下に行き、死したる馬の首に縋りて泣きゐたりしを、父は之を悪《にく》みて斧《をの》を以て後《うしろ》より馬の首を切り落せしに、忽《たちま》ち娘は其首に乗りたるまゝ天に昇り去れり。オシラサマと云ふは此時より成りたる神なり。馬をつり下げたる桑の枝にて其神の像を作る。其像三つありき。本《もと》にて作りしは山口の大同にあり。之を姉神とす。中にて作りしは山崎の在家《ざいけ》権十郎と云ふ人の家に在り。佐々木氏の伯母が縁付きたる家なるが、今は家絶えて神の行方を知らず。末にて作りし妹神の像は今附馬牛《つくもうし》村に在りと云へり。（六九話）

おひでは佐々木喜善の養祖母ノヨの姉で、大洞家に嫁いでいる。この時は、オシラサマの祭日に語られたが、佐々木は後に、大同の婆様は巫女婆様《いたこばあさま》と言われた人で、オシラ神のことは一一、二歳の時に、野火で焼けた跡の野原に布葉摘みに行って聴いたと述べている（『老媼夜譚』）。さまざまな機会に、この話は語られたことになる。

彼女の語った話は、簡潔な叙述の中に、娘と馬が恋に落ちてゆき、父が娘の恋を激怒する経緯が見事に語られている。特に、馬を桑の木につり下げて殺し、死ん

だ馬の首を斧で切り落とす展開は、凄惨な感じを与える。結末は神像の作製とその分配になるが、土淵村の一部でいう、三月一六日の朝、庭の臼の中に白い虫（蚕）がわいていたという後日譚（拾遺七七話）はない。

　この由来譚は、遠野の中でも土地によって違うという。附馬牛《つきもうし》の一部では、天竺《てんじく》の長者の娘の話であり、木は松の木であった。また、遠野町の辺りでは、娘は馬の皮で舟を作り、桑の木の櫂《かい》を操って海に出るが、死んでしまう（同）。こうした偏差は、この由来譚の入ってきた時期の違いを示すのであろうか。

　オシラサマの神体は、大きく包頭型と貫頭型とに分かれ、後者は、上端が烏帽子《えぼし》と姫頭、馬頭と姫頭、丸頭型のみ二体に髪と顔を描いて男女一対にしたものなどがある（『注釈遠野物語』）。こうした形態のうち、馬頭と姫頭は先の由来譚の反映になる。

　この神の祭りは、山口の大同家では次のように行われた。正月一六日、オシラサマの取子たちが鏡餅を背負って集まり、この家の巫女婆様によって仏壇の中から神様（神体）が取り出される。その神様に、取子の娘や女が花染の赤い布を着せ、

オシラ遊バセ（土淵町）
旧暦1月16日、北川ミユキ（本書91頁）の行ったオシラ遊バセで、オシラサマに新しい布を着せている。

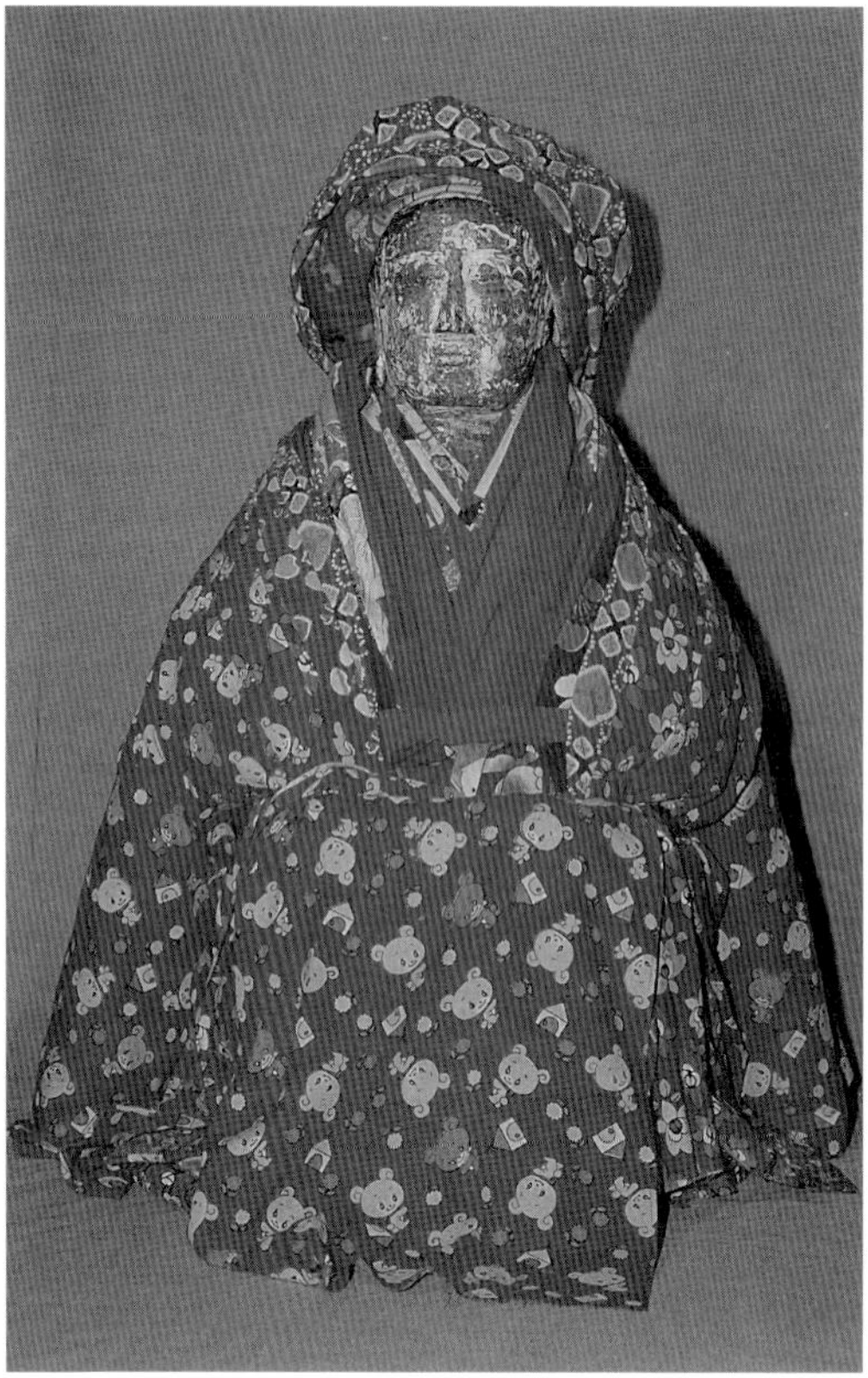

阿部家のオクナイサマ（土淵町）　田植えを手伝ったというオクナイサマである。

頭に白粉を塗り、鏡餅で小豆餅を作って食べる。その後、巫女婆様が神様を持って、オシラ遊びを行った。まず神様の由来を述べ、娘たちが合唱した。これが済むと、取子が炉端で回して各自一年の吉凶を占った（拾遺七九話）。

　オシラサマは養蚕の神であるだけでなく、眼の神、女の病を祈る神、子供の神としても信仰されているし（拾遺七八話）、狩の神と信じている者も多い（拾遺八三話、拾遺八四話）。これを祀る家では、鹿《しし》の肉を食べることが禁じられた。鹿の肉を煮る鍋に投げると飛び出したり、鹿の肉を食べて口が曲がったり発狂したりしたという（拾遺八一話、拾遺八二話）。『遠野物語』を出した当時、柳田は「オシラ様はアイヌの神なり」（『遠野物語』の広告文）と考えていた。しかし、この説は、「巫女考」（『郷土研究』）を経て、『柳田国男先生著作集　第十一冊　大白神考』まで次々と変更されてゆくことになる。「遠野物語拾遺」は、そうした経過のなかの産物であった。

オクナイサマが田植えを手伝う

集落には大同という旧家があって、オクナイサマという神を祀る。この神の像は、桑の木を削って顔を描き、四角な布に穴を開けて通し、衣裳とする。正月の一五日には小字《こあざ》中の人々が来て祭るという（一四話）。その形態や祭日からみても、オシラサマに近いことがうかがわれる。

　オクナイサマはオシラサマのある家には必ずあるが、オシラサマはなくてオクナイサマだけの家もあると言い、山口の大同や田圃《たんぼ》の家《うち》のオクナイサマは木像であり、山口の辷石《はねいし》たにえ（谷江）のは掛軸であると説明する（七〇話）。オシラサマよりも、このほうが範囲が広いことになる。

遠野のオクナイサマを調査した結果、その形態には、棒状型・仏像型・掛軸型の三種があるとする（『注釈遠野物語』）。ここに挙げた三種は、それぞれこの三種に相当することになる。その語源は、「恐らくは行神《おこないがみ》であつて、行ひは即ち修法のことであらう」（「巫女考」）とも、「屋内様」（『遠野のくさぐさ』）とも言われるが、明確ではない。

田圃の家のオクナイサマには、不思議な話が伝わる。


オクナイサマを祭れば幸多《さいはひ》し。土淵村大字柏崎の長者阿部氏、村にては田圃の家と云ふ。此家にて或年田植の人手足らず、明日《あす》は空も怪しきに、僅ばかりの田を植ゑ残すことかなどつぶやきてありしに、ふと何方《いづち》よりとも無く丈《たけ》低き小僧一人来りて、おのれも手伝ひ申さんと言ふに任せて働かせて置きしに、午飯時《ひるめしどき》に飯を食はせんとて尋ねたれど見えず。やがて再び帰り来て終日、代《しろ》を掻《か》きよく働きて呉《く》れしかば、其日に植ゑはてたり。どこの人かは知らぬが、晩には来て物を食ひたまへと誘ひしが、日暮れて又其影見えず。家に帰りて見れば、椽側《えんがは》に小さき泥の足跡あまたありて、段々に坐敷に入り、オクナイサマの神棚の所に止りてありしかば、さてはと思ひて其扉を開き見れば、神像の腰より下は田の泥にまみれていませし由。（一五話）

瓢箪の炭取　底が丸いので、くるくる回り、二二話の炭取はこのタイプかと思われる。（たかむろ水光園蔵）

この話では、阿部家を田圃の家という屋号で呼んでいるが、この屋号をもつ家は田中家であり、阿部家にはオクナイサマがあるが、田中家にはないので、誤解があるという（『注釈遠野物語』）。この田植えを手伝う神や仏の話は、全国的にあるもので、遠野だけの話ではない。遠野らしいと言えば、それがオクナイサマである点だろう。そうしたよくある類型であるにもかかわらず、「泥の足跡あまたありて」や「神像の腰より下は田の泥にまみれていませし」が、この話の事実らしさを生み出している。火事を消した阿弥陀様も仏壇の中で泥まみれだったという話がある（拾遺六二話）。

なお、佐々木喜善がこの家のオシラサマを調査に行って、主人にどこが痛くて来たかと聞かれ、目にトラホームができたのでと答えたという話が伝わる（「遠野雑記」）。この逸話により、阿部家のオシラサマは、病気を治す神として強く信じられていたことがわかる。

魂の行方

『遠野物語』は「題目」に「魂の行方」の一項目を立てて、亡くなった人の話をまとめている。

佐々木氏の曾祖母年よりて死去せし時、棺に取納め親族の者集り来て其夜は一同座敷にて寝たり。死者の娘にて乱心の為離縁せられたる婦人も亦其中に在りき。喪の間は火の気《け》を絶やすことを忌むが所の風なれば、祖母と母との二人のみは、大なる囲炉裡《ゐろり》の両側に坐《すわ》り、母人は旁《かたはら》に炭籠を置き、折々炭を継ぎてありしに、ふと裏口の方より足音して来る者あるを見れば、亡くなりし老

小正月の行事・小作立《おさくだ》て（松崎町）
旧暦1月14日に立て、16日にかたづける。団子は食べ、枝は囲炉裏の上の火棚に上げて、雷が鳴った時に落ちないように火にくべる。

女なり。平生腰かゞみて衣物《きもの》の裾の引ずるを、三角に取上げて前に縫附けてありしが、まざ〱とその通りにて、縞目にも見覚えあり。あなやと思ふ間も無く、二人の女の座れる炉の脇を通り行くとて、裾にて炭取にさはりしに、丸き炭取なればくる〱とまはりたり。母人は気丈の人なれば振り返りあとを見送りたれば、親類の人々の打臥したる座敷の方へ近より行くと思ふ程に、かの狂女のけたゝましき声にて、おばあさんが来たと叫びたり。其余の人々は此声に睡を覚し只打驚くばかりなりしと云へり。（二二話）

　佐々木喜善の曾祖母は養祖父・万蔵の母・ミチのことで、文化七年に生まれ、明治九年に亡くなっている（『山深き遠野の里の物語せよ』）。この人が亡くなった通夜の出来事として伝えられた話である。死者の娘で離縁された人とは万蔵の妹・トヨ、祖母は万蔵の妻・ノヨ、母は養母・イチである（同）。

　続いて、二七日の前夜に、追善の法事を行いに知音《ちいん》の者が集まって帰る時、

馬子繫《うまこつな》ぎ（小友町）　旧暦6月1日に、半紙に版木で馬の形を押して粢《しとぎ》を食わせ、水田の水口、産土《うぶすな》の社などへ送って行く（拾遺298話）。

門口《かどぐち》の石（屋敷の雨落ちの石のことか）に、死んだ老女が腰掛けているのを見た話が書き留められている（一二三話）。しかし、この老女に、どんな執着があったのかは、ついにわからなかった。

小説家・三島由紀夫は、「この中で私が、「あ、ここに小説があつた」と三嘆これ久しうしたのは、「裾にて炭取にさはりしに、丸き炭取なればくる〳〵とまはりたり」といふ件である。ここがこの短かい怪異譚の焦点であり、日常性と怪異との疑ひやうのない接点である」（『小説とは何か』）などと述べた。だが、鈴木棠三《とうぞう》が訪れた時、佐々木の養母・イチにこれらの話について尋ねたところ、そんな記憶は全然ないと答えたことを記している（『遠野物語拾遺のこと』）。

カッコ花（敦盛草《あつもりそう》） 五月、女や子供が山にカッコ花を採りに行く（五〇話）。

また、「魂の行方」には、亡くなる直前の人が現れる話も多い。豆腐屋の政という人の父が大病で死にそうな時に、普請の仕事に来たという話があり（八六話）、遠野町の豪家の主人が大病で死にそうななか、菩提寺を訪れたという話もある（八七話）。後者とよく似た話は土淵村にもあった。

此《これ》も似たる話なり。土淵村大字土淵の常堅寺は曹洞宗にて、遠野郷十二ケ寺の触頭《ふれがしら》なり。或日の夕方に村人何某と云ふ者、本宿《もとじゅく》より来る路にて何某と云ふ老人にあへり。此老人はかねて大病をして居る者なれば、いつの間によくなりしやと問ふに、二三日気分も宜しければ、今日は寺へ話を聞きに行くなりとて、寺の門前にて又言葉を掛け合ひて別れたり。常堅寺にても和尚はこの老人が訪ね来りし故出迎へ、茶を進め暫く話をして帰る。これも小僧に見させたるに門の外にて見えずなりしかば、驚きて和尚に語り、よく見れば亦《また》茶は畳の間にこぼしてあり、老人はその日失せたり。（八八話）

八七話と八八話の二話は、畳の間に茶をこぼしてあったという点でも、一致する。よくある類型ということになるが、こぼれた茶によってこの話はいかにも起こったことらしくなっている。

「遠野物語拾遺」にも、こうした話は実に多い。

年中行事

『遠野物語』には、注意して読むと、四季折々の生活や行事が記録されている。特に小正月は、「小正月の行事」という題目を立て、この時期の行事を記録している。オクナイサマやオシラサマを祭るのもこの時期だった（本書七二～七四頁）。福の神が舞い込んだと唱えて餅をもらう福の神（一〇二話）や、胡桃《くるみ》の実を炉の火に入れてその年の天候を占う月見（一〇四話）などを挙げ、雪女の話にも触れる。小正月の夜または小正月でなくても、冬の満月の夜には、雪女が出て遊ぶともいう。童子を大勢引き連れて来るといっ

常堅寺（土淵町）　かねて大病の老人が、亡くなる直前に常堅寺を訪れたという話がある（88話）。

ている。里の子供たちは、冬は近辺の丘に行って橇遊《そりあそ》びをして、おもしろさのあまり、夜になることがある。一五日の夜に限って、「雪女が出るから早く帰れ」と戒められるのは常のことである。しかし、「雪女を見たり」と言う者は少ない（一〇三話）。「雪女が出るから早く帰れ」は、大人が子供を帰宅させる常套句の一つだったのである。この夜は山の神が遊ぶという言い伝えもあり、やはり恐れられた（一〇二話）。

　五月頃の印象深い話に、カッコ花がある。

死助《しすけ》の山にカツコ花あり。遠野郷にても珍しと云ふ花なり。五月閑古鳥《かんこどり》の啼く頃、女や子ども之を採りに山へ行く。酢《す》の中に漬けて置けば紫色になる。酸漿《ほほづき》の実のやうに吹きて遊ぶなり。此花を採ることは若き者の最も大なる遊楽なり。（五〇話）

　死助の山は権現山のことで、笛吹峠と境木峠の間にある。カッコ花は敦盛草《あつもりそう》のことで、初夏に紅紫色の花が咲く。遠野では、カッコウの囀《さえず》る山の花としてカッコ花と呼ぶことが多く、別にヤマホタルブクロ（雨ふり花）もこう呼んで、同じように遊ぶという（『注釈遠野物語』）。

　盆の行事には、雨風祭《あめかぜまつり》がある。

盆の頃には雨風祭とて藁《わら》にて人よりも大なる人形を作り、道の岐《ちまた》に送り行きて立つ。紙にて顔を描き瓜《うり》にて陰陽の形を作り添へなどす。虫祭の藁人形にはかゝることは無く其形も小さし。雨風祭の折は一部落の中にて頭屋《とうや》を択《えら》び定め、里人集りて酒を飲みて後、一同笛太鼓にて之を道の辻まで送り行くなり。笛の中には桐の木にて作りたるホラなどあり。之を高く吹く。さて其折の歌は『二百十日の雨風まつるよ、どちの方さ祭る、北の方さ祭る』と云ふ。（一〇九話）

　雨風祭は、二百十日の前後に、大きな藁人形を作って道の辻まで送り、雨風の被害が少ないようにと祈る行事である。男女二体の人形を作り、紙に顔を描いて、いろいろな道具を持たせる（『土淵村今昔物語』）。明治四二年八月、柳田国男が道ちがえの叢の中に見たのは、この人形だった（本書一七頁）。

「遠野物語拾遺」になると、「年中行事」の題目を立てて、一年を通した行事を本格的に記述している。

コラム・『遠野物語』の神々

『遠野物語』には、ザシキワラシ・オシラサマ・オクナイサマのほかにも、カクラサマ・ゴンゲサマ・コンセイサマなど多くの神々が登場する。こうした神々が生活の中に生きていて、そうした信仰を抜きに、この物語を読むことはできない。

西内のカクラサマ（土淵町）　カクラサマは西内にもあり、大洞にもあったが、粗末な彫刻で、信仰する者はない（73話）。

駒形神社の御駒様（コンセイサマ）（綾織町）　御駒様は男の物の形を奉納したもので、田植えの時に巨根の男が来て休んだとも、死んだともいう場所に祀られた（拾遺15話）。

懸仏《かけぼとけ》（綾織町）　新崎の八幡様の祠にある懸仏は姿がマリアだという説もあり、よく遊び歩くので有名である（拾遺50話）。

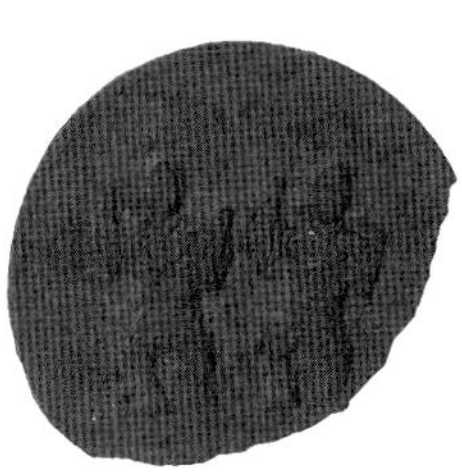

ゴンゲサマ（権現様）（松崎町）
ゴンゲサマは火伏せに霊験があり、病気を治すともいう（110話）。権現様が他の村の権現と喧嘩して、片耳を取られた話がある（拾遺58話、拾遺59話）。

柏崎の阿修羅様（土淵町）　阿修羅様は大きな像である。子供が持ち出して沼に浮かべて船にしたのを叱ると、かえって祟《たた》られたという（拾遺52話）。

栃内のカクラサマ（土淵町）　栃内のカクラサマは大小二つあり、どちらも荒削りで不格好な彫刻である（74話）。

物言い大黒（東舘町）　早池峰山の大黒様は、神酒を供えに行くと、お前たちが飲めと言ったので、物言い大黒といって評判になった（拾遺126話）。

遠野物語

町の世界

卯子酉様（遠野町）

遠野の町の愛宕山《あたごやま》の下に、卯子酉様《うねどりさま》の祠がある。其《その》傍の小池には片葉の蘆《あし》を生ずる。昔は爰《ここ》が大きな淵であつて、其淵の主に願《ぐわん》を掛けると、不思議に男女の縁が結ばれた。又信心の者には、時々淵の主が姿を見せたとも謂つて居る。

愛宕神社（綾織町）　入口に山神の石塔が数多くある（本書9頁）。

神社・仏閣の不思議

『遠野物語』は佐々木喜善の記憶から成立したので、遠野の中でも、彼が育った土淵《つちぶち》村の山口に中心があった。しかし、「遠野物語拾遺」は、彼の聞き書きや周囲にいた人たちの報告からできている。それゆえ、話の舞台は遠野盆地とその周辺に広がりをもち、遠野町の話も数多く含まれる。ここでは、そうした町の話を取り上げてみる。

遠野の町の西、綾織町に入った所にある小高い山が愛宕《あたご》山である。土淵の愛宕山は山神の石塔が多かった（八九話）が、ここも同様である。愛宕様は火防《ひぶせ》の神様だそうで、その氏子であった遠野の下通町辺では、五、六〇年の間、火事というものを知らなかった。ある時、某家で失火があった時、神明の大徳院の和尚が出て来て、手桶の水を小さな杓《ひしゃく》で汲んで掛け、町内の者が駆け付けた時には、既に火が消えていた。翌朝、火元の家の者が大徳院に行き、「昨夜は和尚さんの御蔭で大事に至らず、誠に有難い」と礼を述べると、寺では誰一人そんなことは知らなかった。それで、愛宕様が和尚の姿になって助けに来て下さった、ということが解ったそうだ（拾遺六四話）。愛宕様が大徳院の和尚になって消火したという話である。大徳院は賀茂神社の別当である。この山の下には、卯子酉様《うねどりさま》が祀られているので、火の神と水の神がセットになっていることになる。

遠野の町の愛宕山の下に、卯子酉様の祠がある。其《その》傍の小池には片葉の蘆《あし》を生ずる。昔は爰《ここ》が大きな淵であつて、其淵の主に願《ぐわん》を掛けると、不思議に男女の縁が結ばれた。又信心の者には、時々淵の主が姿を見せたとも謂つて居る。（拾遺三五話）

一方、遠野町の東に会下《えげ》の十王堂がある。十王は冥土にいて、亡者の罪をただす一〇人の判官をいう。十王堂はこの世とあの世の境に建っている（拾遺二六六話）。

遠野町字会下にある十王堂でも、古ぼけた仏像を子供たちが馬にして遊んでゐるのを、近所の者が神仏を粗末にすると言つて叱《しか》り飛ばして堂内に納めた。すると此《この》男は其晩から熱を出して病んだ。さうして十王様が枕神に立つて、折角自分が子供等と面白く遊んで居たのに、なまじ気の利くふりをして咎《とが》め立《だ》てなどするのが気に食はぬと、お叱りになつた。巫女を頼んで、これから気をつけますといふ約束で許されたといふことである。（拾遺五三話）

柳田も七二話の頭注で、いち早く「神体仏像子共《こども》と遊ぶを好み之を制止するを怒り玉ふこと外にも例多し」と指摘し、遠江・駿河・信濃の事例を挙げていた。その神仏は、カクラサマや馬頭観音、阿修羅社の仏像、大師様、木像などさまざまであった（七二話、拾遺五一話、拾遺五二話、拾遺五四話、拾遺五五話）。

この会下の十王様の別当の家で、ある年の田植え時に、家内中の者が熱病に罹《かか》って、働くことの出来る者が一人もなかった。それで、この家の田だけは何時までも植え付けができずに黒いままであった。隣家の者が困ったことだと思って、ある朝、別当殿の田を見廻りに行って見ると、誰が何時の間に植えたのか、生き生きと一面に苗が植え込んであった。驚いて引き返して見たが、別当の家では田植えどころではなく、皆枕を並べて苦しんでいた。怪しがって十王堂の中を覗《のぞ》いて見たら、堂内に幾つもある仏像が皆泥まみれになっていたということである（拾遺六八話）。田植えを手伝ったこと、そして、その像が泥にまみれていたという点では、阿部家のオクナイサマの場合と同様である（本書七五頁）。

池《いけ》の端《はた》の石臼

遠野町の南方に位置する山が物見山《ものみ》である。ここにあった沼にいた女から、富貴になる石臼をもらった話がある。

早地峰《はやちね》より出《い》で、東北の方宮古の海に流れ入る川を閉伊《へい》川と云ふ。其流域は即ち下閉伊郡なり。遠野の町の中にて今は池の端と云ふ家の先代の主人、宮古へ行きての帰るさ、此川の原台《はらだい》の淵《ふち》と云ふあたりを通りしに、若き女ありて一封の手紙を托す。遠野の町の後なる物見山の中腹にある沼に行きて、手を叩《たた》けば宛名の人出で来るべしとなり。此人請け合ひはしたれども路々心に掛りてとつおいつせしに、一人の六部に行き逢へり。此手紙を開きよみて曰く、此《これ》を持ち行かば汝《なんぢ》の身に大なる災《わざはひ》あるべし。書き換へて取らすべしとて更に別の手紙を与へたり。これを持ちて沼に行き教《をしへ》の如く手を叩きしに、果して若き女出で、手紙を受け取り、其礼なりとて極めて小さき石臼を呉れたり。米を一粒入れて回せば下より黄金出づ。此宝物《たからもの》の力にてその家稍《やや》富有になりしに、妻なる者慾深くして、一度に沢山の米をつかみ入れしかば、石臼は頻に自ら回りて、終には朝毎《ごと》に主人が此石臼に供へたりし水の、小さき窪みの中に溜りてありし中へ滑り入りて見えずなりたり。その水溜りは後に小さき池になりて、今も家の旁《かたはら》に在り。家の名を池の端と云ふも其為なりと云ふ。（二七話）

閉伊川の原台の淵（腹帯ノ淵）には、別の話も伝わる。淵の主が近所の家の三番目の娘を欲しいと思っていると聞かされ、病気になって娘は死んでしまった。そこで、娘の死骸を淵の傍らに埋めると、翌々日には無くなっていた。この娘が死んだ日には、必ず雨が降ると言われ、子供にも水浴びをさせないという（拾遺三四話）。

これは、遠野の池の端という屋号を持つ家の話として伝説化している。石臼が滑り込んで見えなくなった池の跡には石臼大明神を祀り、柳玄寺の墓石には石臼を抱いた人物を彫っている（『注釈遠野物語』）。この臼は主人の名から、孫四郎臼《まごしろううす》と呼ばれたようだ。この孫四郎臼は、竜

宮から来た鐘が沈んでいるという松崎沼から上がった、という話もある（拾遺二三話）。

だが、この話の類話は遠野にあるばかりでなく、「水の神の文使い」（『日本昔話名彙』）、「沼神の手紙」（『日本昔話大成』）、「水の神の文使い―書き換え型」（『日本昔話通観』）と命名されている昔話で、全国に存在する。柳田も二七話の頭注で、「此話に似たる物語西洋にもあり偶合にや」と述べていた。しかし、そうした類型のなかでも、石臼が出てくるのは産金と関係するという指摘がある。

この家もまた鮭を食わない家であり、宮家とよく似ている（本書五五～五八頁）。そのわけは、「昔、池端の家の先祖が遠野にやってきたとき、敵に追われて川岸まで追いつめられていた。そのとき川に鮭があふれるようにやってきて、その上を渡って危難を逃れることができた。また、鮭の背を渡って向岸にたどりついたとき、川辺の葦をつかんで岸に上がったので、それ以来、片葉の葦となったという。それが、倉掘の卯子酉神社の葦であるという」と伝えられている（『注釈遠野物語』）。結末は、片葉の葦（本書八二頁）の由来になっているのが興味深い。

柳玄寺にある石臼を持つ墓（新町）　墓石に「先祖」の文字が見える。石臼をもらった先祖の姿なのだろう（27話）。

会下の十王様（遠野町）　仏像を子供たちが馬にして遊んでいるのを叱った男が病んだ話や、別当の家で病気の時に、田植えをしたという話が伝わる（拾遺53話、拾遺68話）。

石臼大明神（中央通り）　池端家では、石臼が沈んだ跡にできた池のあった場所に祠を設けて祀っている（27話）。

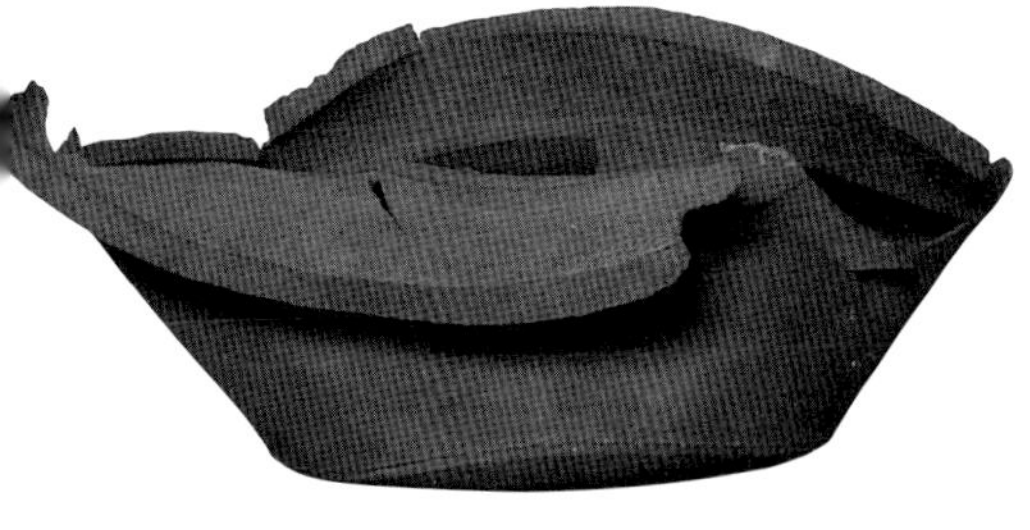

大釜（附馬牛町）　無尽和尚の時に使われた夫婦釜のうち、雄釜。

鳴り釜　かつては「釜鳴神さま」として祀られていた。（遠野市立博物館蔵）

遠野町の商家

物資の集散地として栄えた遠野町には、町場らしい話が伝わる。その一つに、釜鳴神《かまなりがみ》を祀った話がある。

遠野一日市《ひといち》の作平といふ家が栄え出した頃、急に土蔵の中で大釜が鳴り出し、それが段々強くなつて小一時間も鳴つて居た。家の者は素《もと》より、近所の人たちも皆驚いて見に行つた。それで山名といふ画工を頼んで、釜の鳴つて居る所を絵に描いて貰《もら》つて、之を釜鳴神と謂つて祭ることにした。今から二十年余り前のことである。（拾遺九二話）

作平は菊池作平という人で、この人は一日市で米屋を営んで栄えた。この出来事が起こったのは、慶応元年のことかとも伝えられる（『遠野のくさぐさ』）。釜が鳴るというのは一つの類型であるが、この物語にはもう一つ、東禅寺の無尽《むじん》和尚の時に使われた夫婦釜が鳴ったという話がある（拾遺二二話）。その場合、東禅寺が盛岡に持って行かれるのを厭がって鳴ったのである。拾遺九三話は、土蔵で鳴り、家の繁栄を加速させたことになる。

遠野の豪商に、村兵《むらひょう》という家があった。村兵は村上兵右衛門家の屋号である。この家の先祖は貧しい人だったが、愛宕山の下の藪にあった仏像を背負って山の上に祀ってから、富貴になったと伝えられる（拾遺一三六話）。

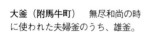

だが、この家の家運が傾いたいわれを語る話もある。村兵という家には、御蔵《おくら》ボッコがいた。籾殻《もみがら》などを散らして置くと、小さな子の足跡がそちこちに残されてあった。後にそのものがいなくなってから、家運が少しずつ傾くようであったという（拾遺八八話）。御蔵ボッコはザシキワラシの一種で、土蔵にいたからこう呼ばれた。土蔵はその家の財産を貯蔵する場所であり、富の象徴だった。籾殻を散らすというのは豊かさと当時に、この家の奢《おご》りを示している。

前に言つた遠野の村兵と云ふ家では、胡瓜《きうり》を作らぬ。其わけは、昔此家の厩別家《まやべつけ》に美しい女房が居たが、或日裏の畠へ胡瓜を取りに行つた儘《まま》行方不明になつた。さうして其後に上郷村の旗《はた》屋《や》の縫《ぬい》が六角牛山《ろっこうし》に狩りに行き、或沢辺に下りたところが、其流れに一人の女が洗濯をして居た。よく見るとそれは先年居なくなつた厩別家の女房だつたので、立ち寄つて言葉を掛け、話をし

一日市町通りの絵葉書　大正末期から昭和初期と思われる。左側向こうの角に高善旅館が見える。遠野の須藤写真館発行。

た。其話に、あの時自分は山男に攫《さら》はれて来て此処《ここ》に棲《す》んで居る。夫は至つて気の優しい親切な男だが、極めて嫉妬深いので、それぱかりが苦の種である。今は気仙沼の浜に魚を買ひに行つて留守だが、あそこ迄は何時も半刻《はんとき》程の道のりであるから、今にも帰つて来よう。決してよい事は無いから、どうぞ早く此処を立ち去つて下され。さうして家に帰つたら、私はこんな山の中に無事に居るからと両親に伝へて呉《く》れと頼んだと謂ふ。それから此家では胡瓜を植ゑぬのださうである。（拾遺一一〇話）

この話は、女房が胡瓜を取りに行ったまま行方不明になったので、胡瓜を作らぬことにしたという由来を語る。「行方不明」とあって、神隠しという語ではないが、やはりその類型に属する。この場合も、山中で山男と生活している。柳田はこうした現象について、女房を失う悲劇と差し替えに、この家の血の尊さを主張したとみている（『山の人生』）。

狐・貉《むじな》にだまされる

狐はさまざまな悪戯《いたずら》をしたりだましたりした。『遠野物語』には、佐々木嘉兵衛が雉子を撃ちに行き、狐に銃の筒に土を詰められた話（六〇話）や、狐が老女の死体を起き直らせたのを見つけて打ち殺した話（一〇一話）がある程度である。だが、「遠野物語拾遺」には一群の話として収められている（拾遺一八八話～二〇八話）。

遠野の大慈寺の縁の下には狐が巣をくつて居た。綾織村の敬右衛門といふ人が、或時酒肴《さかな》を台の上に載せてそこを通つたところが、ちやうど狐どもが嫁取りをして居た。あまりの面白さに立つて見て居たが、やがて式も終つたので、さあ行かうとして見たら、もう台の肴は無くなつて居たさうな。（拾遺一九六話）

大慈寺は遠野南部家の菩提所として栄えた寺であった。狐の嫁取りを見ている間に、肴を盗まれた話である。狐が魚を取るという話なら、他にも多い（拾遺一九三話）。

安政の頃というが、遠野の裏町に木下鵬石《ほうせき》という医師があった。ある夜、家族の者と大地震の話をしていると、夜更けてから一人の男が来て、「自分は遊田《ゆだ》家の使いの者だが、急病人が出来たから来て戴きたい」と言うので、早速その病人を

上：移築された遠野の豪商・旧村兵商家（六日町）
左：大慈寺（大工町）　伊能嘉矩《かのり》、鈴木吉十郎・重男の墓がある。
下：懸ノ上稲荷神社（遠野町）

曹源寺の裏山にある御堂（上郷町）　貉堂と伝えられる。

見舞って、薬を置いて帰ろうとすると、その家の老人から、「是は今晩の謝儀だ」と言って一封の金を手渡された。翌朝、鵬石が再び遊田家の病人を訪ねると、同家では意外な顔をして、「そんな覚えはない」と言い、病気のはずの人も達者であった。不思議に思って家に帰り、昨夜の金包みを開いて見ると、中からは一朱金二枚が現れた。その病人はおそらく懸《かけ》ノ稲荷様《いなりさま》であったろうと、人々は評判したそうである（拾遺一八八話）。懸ノ稲荷様は遠野町の東にある神社。その稲荷様が遊田家の使者に化けて、医者を頼んだ話である。金包みの中の一朱金二枚が事実らしさを伝える。

　こうした狐の話の多さに較べれば、狸の話はわずかであった（拾遺一八六話）。上郷村には、貉にだまされた話が伝わる。

　上郷村字板沢の曹源寺の後の山に、貉堂といふ御堂があつた。昔この寺が荒れて住持も無かつた頃、一人の旅僧が村に来て、此近くの清水市助といふ家に泊つた。そこへ村の人が話を聴きに集まつて、色々の物語をする序《ついで》に、村の空寺《あきでら》に化物が出るので、住職も居著《いつ》いてくれず困つて居るといふ話をすると、それなら拙僧が往つて見ようと、次の日の晩に寺に行くと、誰も居らぬと謂つたのに寺男のやうな身なりの者が一人寝て居た。変に思って其夜は引返し、翌晩又往つて見たがやはり同じ男が寝て居る。こやつこそ化物と、くわつと大きな眼を開いて睨《にら》め附けると、寺男も起直つて見破られたからは致し方が無い。何を隠さう私は此寺に久しく住み、七代の住僧を食ひ殺した貉だと言つた。それから釈迦如来の檀特山《だんとくせん》の説法の有様を現じて見せたとか、寺のまはりを一面の湖水にして見せたとかいふ話もあり、結局本堂の屋根の上から、九つに切れて落ちて来て、それ以来寺には何事も無く、今日まで続いて栄えて居るといふ話になつて居る。山号を滴水山といふのも、其貉の変化《へんげ》と関係があるとの様に語り伝へて居る。（拾遺一八七話）

これは化物寺の怪異を語る話である。旅僧が七代の住僧を食い殺した貉を退治して、曹源寺の繁栄を導いたことになる。この寺の中興の事跡を語ることになる。

語り部の実演（遠野物産館・語り部ホール）　語り部の菊池ヤヨは、鈴木サツ・正部家《しょうぶけ》ミヤの妹で、ゆっくりと落ち着いた語り口が特徴である。得意な話は「母の目玉」。

遠野の語り部たち

『遠野物語』には、終わりに置かれた一一五話から一一八話が昔話に関する叙述であるが、全体としては昔話を集めたものではなかった。その後、地元・遠野にあって調査を行った佐々木喜善《ささききぜん》によって、日本では最も早く昔話の研究が始められた。彼は、大正一一年の『江刺郡《えさしぐん》昔話』に始まり、没後の『農民俚譚《のうみんりたん》』に至るまで、六冊ほどの昔話集を刊行した。こうした功績を讃えて、盛岡出身の言語学者・金田一京助《きんだいちきょうすけ》は「日本のグリム」と呼んだと伝えられている。

だが、そのうち、遠野の昔話集としては、昭和二年の『老媼夜譚《ろうおうやたん》』が最初だった。大正一二年の冬、村の辷石谷江《はねいしたにえ》のもとに通ってノートを取り、まとめたものである。これは、昔話の語り手を発見し、昔話の場を再構成した点で極めて大きな意義をもっていた。昭和六年に刊行した『聴耳草紙《ききみみぞうし》』は、遠野の昔話を含んだが、その眼目は東北の昔話の集大成にあった。柳田国男は、佐々木没後の昭和一八年、この本をもとに『上《かみ》閉伊郡《へいぐん》昔話集』を編集した。だが、それによって、佐々木の意図とは異なった一郡単位の昔話集に変形されてしまった。

しかし、戦後、こうした活動が順調に継続されたわけではなかった。わずかに、昭和二五年、遠野高等学校社会研究会が出した『遠野郷昔噺集』があった程度

遠野の語り部たち

辷石谷江（1858～1937）　佐々木喜善の『老媼夜譚』の口絵に載った写真。柳田から送られたカメラで、日本で初めて昔話の語り手を撮ったものである。

である。これは、卒業する女生徒の作文を謄写版で作ったものだった。もはや遠野の昔話は終わったかに思われていたようだ。こうした苦難の時代を経て、昔話の価値が再認識されるまでには、さらに時間が必要だったのである。

　昭和四五、六年ごろから、「民話のふるさと遠野」のキャッチフレーズが使われ始めたらしい。それによって、語り部が曲がり家で昔話を聞かせてくれるイメージが全国に定着してゆく。こうした動きは、『遠野物語』の再評価とも連動していた。それに伴い、遠野民話同好会の『遠野の昔話』をはじめ、工藤紘一の『遠野むかしばなし』シリーズ、佐々木徳夫の『遠野の昔話』、日本民話の会の『遠野の手帖』などの資料集が次々に刊行された。

　遠野も、『遠野物語』と昔話に基礎を置いた町作りを開始する。昭和五五年には遠野市立図書館・博物館の開館、昭和五九年に伝承園の開園、昭和六一年にとおの昔話村の開村と続き、施設が整備された。伝承園の開園に伴い、冬場のイベントとして、「遠野昔ばなし祭り」も始まった。平成四年には、世界民話博も催された。語り部の実演は、遠野物産館二階の語り部ホールや伝承園などで行われている。

　平成七年からは、遠野物語研究所の事業として、佐藤誠輔《せいゆう》が主宰講師となって語り部教室を開き、昔話を学び合っている。そうした経験のなかから、佐藤は繰り返し聞き取りを行って、語り部たちの活動を把握して、「語り部の横顔」（『遠野物語研究』第四号、二〇〇〇年）をまとめた。また、こうした活動に対する研究もやっと始まり、『遠野物語』とつながりが求められ、観光と深く連動する語り部の活動の意義が、今、やっと明らかになりつつある。

　まずは代表的な語り部について、『遠野物語』に関係する話とともに紹介しよう。（情報は二〇〇〇年現在）

北川ミユキ　きたがわ・みゆき

　明治三一年、土淵村《つちぶち》（現、遠野市土淵町）に生まれる。北川家は山伏の家系であり、佐々木喜善とは血縁関係にあたる。父　真澄は附馬牛《つきもうし》で柳田国男を案内した人であった（本書一八頁）。『遠野物語』の足元・山口集落で生活してきたこともあり、遠野を訪れる多くの人々を家に招いて対応してきた点で、昔話の語り手の草分け的人物であった。特にオシラサマを祀り、そ

の昔話で魅了したところがある。昭和五七年に亡くなり、住んでいた曲がり家は北上市のみちのく民俗村に移築された。

【山男―『遠野物語』七話】

昔《むがす》、昔、あったど。上郷村*のあっとごの娘っコ、ある秋《あぎ》の日《し》に、栗拾《ひれ》ぇに山さ行《え》ったきり、何日すても*、帰《けえ》って来ねがったど。すて、家《え》の人達《しだず》、心配《すんぺ》っコすて、人《しと》頼んだりなんだりすて、見《め》っけがすたんずども*、見っけねど。仕方《すかだ》ねぐ死《す》んだどいうごどにすて、娘っコのえっつもすてら枕*、形代《かだしろ》にすて*、ご葬式すたど。それがら何年かもよった*秋の日のごど、村の猟師《りょうす》、五葉山《ごようざん》*の山ん中《なが》で大っきな岩かぶさってらどごあったずがら*、のぞって見たば、そごに人えるよんだったど*。良ぐ良ぐ見だば、栗拾ぇで見なぐなった娘っコだったど。そんで猟師もたまげだす。娘もたまげ返《げえ》ったど。「何すて*こんたな山奥にえる」って聞《き》だど。すたば、「栗拾ぇすてる内《うず》に、おっかねぇ人にさられで*、こんたなどごに来たのす。逃げんべっと思《も》っても、その男すぎねくてわがねぇ*」どしぇったど。「その男ったら、なじょな*人だ」って聞だど。すたば、「なじょだって、まず当だり前《めえ》だども、丈《たけ》ぁうんと高《たけ》えくて、目《まなぐ》の色《えろ》少し違《つが》ってるよんた。おら、子供《わらす》何人か生《な》すたんども*、おれに似でねって、どごさが子供連れでってすまうんす。食ったんだが、殺すたんだが」どしぇったど。「おらど*同ず人間だべが」って聞だどごろ、「着物なんど同ずだども、ときたま同ずよんた仲間集《あつ》ばって来て、何が語《かだ》り合ってる。私《わだす》の食い物持《もん》って来るがら、まっちゃ*行ぐども思われる。お前さんとしゃべっこどすてる内に、帰って来るがも知《せ》ねぇ*」どしぇったど。猟師ぁたまげですまって、山降りだどよ。ドンドハレ。

＊上郷村…現在遠野市上郷町
＊何日すても…何日たっても
＊見っけがすたんずども…さがしたというけれども
＊えっつもすてら…何時も使ってた
＊形代にすて…代りにして
＊何年かもよった…何年かたった
＊五葉山…遠野市の東南方にあり、釜石市、気仙郡住田町、大船渡市と二市一町にまたがる一、三四一メートルの山
＊かぶさってらどごあったずがら…かぶさってくるようなところがあったから
＊人えるよんだったど…人がいるようだったと
＊何すて…どうして
＊さられで…さらわれて
＊すぎねくてわがねぇ…すきがなくてだめです
＊なじょな…どんな
＊生すたんども…生れたけれど
＊おらど…おれたちと
＊まっちゃ…町へ
＊知ねぇ…知れない

（遠野民話同好会編『遠野の昔話』より）

【昔話集】遠野民話同好会編『遠野の昔話』（日本放送出版協会、一九七五年）。

白幡ミヨシ　しらはた・みよし

明治四三年、土淵村（現、遠野市土淵町）に生まれる。父親・万徳から添い寝しながら、よく話を聞かさ

れた。昔は、小学校に入ると、「さあ、むがす語りすっぺ」「今度ぁ、お前の番だ」と、順番に語り合ったものだという。少女時代には、近所の炉端に集まって仕事をした時に話を聞いた。長く曲がり家に暮らし、その生活がよく似合う。重厚な語り口に特徴がある。娘の菊池玉も語り部である。

【カッコウとホトトギス──『遠野物語』五三話】

むかす、あったずもな。

むかす、カッコウとホトトギスは義理の姉妹だったんだって。親のあるうちは親が自分の子どもを大事にしていたども、どっちも親が亡くなったために姉と妹と二人暮らしになったんだって。

それからホレ何にもないし、「山さ行ってホドッコ*掘って来てから、二人して食うべし」っていたったんだって。そして、いつでも姉が妹のほう大事にして、ホドッコ食わせるにも姉が悪いガンコ（固い部分）のほうを食って、妹のほうさばいいとこばり（ばかり）食わせていたったんだって。

したんばあるとき、妹のほうが、「オレにこのぐれえ美味《うめ》えものを食わせるが、姉何ぼ美味えとこ食ってらんべ」と思ったんだって。そうして、「オレさもこなな美味えとこ食わせるも、姉何ぼ美味えとこ食ってらんべ」っていったんだって。

「いや、お前《めえ》のほうさいいとこ食わせてオレガンコ食ったじぇ」っていったんだって。したんば、

「いやそうでねえんだ。食い物のぐれえ仇を持つものはねえ」って、「オレさ、このぐれえ美味えもの食わせたもの、姉何ぼ美味えもの食った」と思って、ホイチョ（包丁）を立てたんだって。

「いや、そんでねえってば。オレのほうがガンコ食って、お前のほうにいいとこ食わせたじぇ」たって聞かなかったんだって、後のカカの娘なために。それで姉さホイチョを立てたもんだと。

それで、妹はオレがホイチョ立てて姉殺してしまったっつので、「オレはホイチョ立てた、ホイチョ立てた」っつのがホイチョカケなんだと。そして姉のほうが、「オレはガンコ食った、ガンコ食った」って泣いて、それで姉はカッコウで、「ガンコ、ガンコ」つのが「カッコウ、カッコウ」になったんだと。

どんとはれ。

（『白幡ミヨシの遠野がたり』より）

＊ホドッコ…山芋に似た蔓性の植物で、焼いたり煮たりして食す

【昔話集】吉川祐子編『白幡ミヨシの遠野がたり』（岩田書院、一九九六年）、吉川祐子編『遠野物語は生きている──白幡ミヨシの語り』（岩田書院、一九九七年）。

鈴木サツ

すずき・さつ

明治四四年、綾織村（現、遠野市綾織町）の農家に生まれる。菊池力松の長女。父親から繰り返し話を聞いて育った。四六年、父親に代わってラジオで昔話を語り、脚光を浴びるようになる。地元・遠野はもとより、日本全国を語り歩いたほか、ラジオ、テレビでも活躍した。特に『遠野物語』にある話は、遠野民話同好会の会長・福田八郎から学んだ。その結果、『遠野物語』と昔話を結びつける役割を果たすことになった。落ち着きのある語り口だが、簡潔でスピード感のある点に特徴がある。平成八年に死去。毎年、語り部教室では、サツさんを偲ぶ集いを開いている。

【遠野三山の話―『遠野物語』二話（本書三八頁）】

むかす、あったずもな。

むかす、ある母神さまが三人の娘神さま連れて、遠野さ来たずもな。そして、石倉《いすくら》の権現さまさ宿とったずもな。

そしてばその晩げ、その母神さまさ、神のお告げあったずもな。

「遠野に、早池峰山《はやつねさん》と六角牛山《ろっこうすさん》と石上山《いしがみさん》と三山あるから、この三山を、この娘神さま達一人《たつひとおり》ずつに守らせてけろ」

っというのだったずもな。

そこで次《つぐ》の朝間《あさま》起きて、朝飯の仕度《すたく》してお膳さ向かったとき、その母神さまが、その三人の娘神さま達さ教えたずもな。

「遠野に三山あるから、お前達《めたつ》に、娘達一《しとツ》つずつに守らせてけろという神のお告げだ」って、

「早池峰山と六角牛山と石上山とあるから、一つずつ守らせてけろっというお告げだ」って。そして、

「だれでもええから、霊華の授かった者は、早池峰山を守ること」っというお告げだったずもな。

そこで、その話《はなす》を三人の娘神さま達さ教えたずもな。

そしてその晩げもそこさ泊まったずもな。そしてば夜中に、一番《いっぱん》ぺっこな娘神さま目《めえ》さますて見てば、一番上の姉神さまの胸の上さ、なにかでえほで美すもの授かってあったずもな。

それ見てハ、その一番小《つう》せえ娘神さま、みんなぐっすり寝ってらす、いいことにすて姉の胸の上から取ったんだと。そして、われの胸の上さ置いたずもな。

そしてば次の朝間、母神さま目さましてみてば、一番小せえ娘神さまの胸の上さ霊華が授かってらから、「これこそほんとに、神さまのお授けになったもんだ」と思って、その小せえ娘神さまさ、早池峰山を守らせたんだと。

二番目の娘神さまは六角牛、一番上の姉神さまには綾織《あやおーり》の石上山を守らせたんだと。そうすてできたのは遠野三山なんだと。そして、綾織の石上山は一番小せえども、一番位ァ高けえ、高けえっていわれたのァ、一番の大姉神さまだからだったんだと。どんどはれ。

（『鈴木サツ全昔話集』より）

【昔話集】工藤紘一編『遠野むかしばなし』（熊谷印刷出版部、一九八七年）、工藤紘一編『続・遠野むかしばなし』（熊谷印刷出版部、一九九〇年）、小沢俊夫・荒木田隆子・遠藤篤編『鈴木サツ全昔話集』（鈴木サツ全昔話集刊行会、一九九三年）。

【参考文献】石井正己「鈴木サツさんと昔話」（『遠野物語研究』第四号、二〇〇〇年）。

正部家ミヤ

しょうぶけ・みや

大正一二年、綾織村（現、遠野市綾織町）の農家に生まれる。菊池力松の四女で、鈴木サツの妹にあたる。やはり話上手な父親から話を聞いて育った。姉のサツが足がやや不自由だったため、心配して付き添って歩いていた。姉の話を聞いているうちに自らの話にも目覚め、ともに遠野を代表する語り部となった。天性の明るさをもち、長編の話になると、会話や心理描写が細かくなる点に特徴がある。平成九年には、天皇・皇后の前で昔話を披露した。

【オグナイサマ――『遠野物語』一五話（本書七五頁）】

昔《むがす》、あったずもな。

土淵《つづぶづ》の長者殿《ちようじやどん》で、村でぇ、「田んぼの家《え》」って呼ばれでいる家ァあったったずもな。ある年《とす》のごど、この田んぼの家でぇ人手ァなくて困ってらったずもな。

「明日《あすた》の空模様もおがすぐなってきたがら、今日中に終わりてぇな。人手ァたりなくて、田、植え残《のご》すかも知《す》れねぇ」

って、旦那殿ァグヤグヤってらったずもな。そすたどごろァどっから来たが、キリッとすたぺぇっこな男《おどこ》*子供《わらす》ァ来たったずもな。旦那殿サ、

「おれも助《す》けるがら」

って、ニコニコッと笑ったずもな。旦那殿ァ、こんたな子供でぇなど思ったども、

「じゃ、助けでけろじゃ」

って、稼《かしえ》いでもらったずもな。とごろァこの子供の稼ぐごど、稼ぐごど、大すた助がったずもな。昼時《ひるどぎ》サなったがら、飯食《まんまか》せるべど思ったれば、その子供ァ見《め》えねがったど。みんな、

「子供だがら、はぁあぎて帰《けえ》ったんだ」って、言《へ》っていだったずもな。そすたどごろァ、まだいづの間にが来て、助けでいだったど。お陰《がげ》で、田んぼの家でぇ田植えみんな終わるごとでぎだんだずもな。

旦那殿ァ喜《よろこ》んで、

「どごの人だがわがんねぇども、本当《ほんと》におありがどうござんした。晩《ばんげ》ァはぁ早ぐ来て、夕飯上がってけでげ」って言って、日ァ暮れるまで待ってらずども、来ねぇがったずもな。日ァ暮れだがら家サ帰ってみだどごろァ、縁コぺぇっこな*足跡コァペダペダどいっぺぇあったど。さでなんだべ、おがすいなど思って、足《あす》コの跡《あど》たどってみだどごろァ、部屋の中《なが》のオグナイサマの前《めえ》でピタッと止まってらったど。もすやど思って戸を押す開げでみだどごろァ、オグナイサマの腰《こす》から下《すた》、田の泥ですっかり汚れでいだったんだど。見るに見がねだオグナイサマ、田植え手伝っておでったんだどサ。

どんどはれぇ。

（『続・続遠野むかしばなし』より）

*ぺぇっこな…小さな
*縁こ…縁側

【昔話集】工藤紘一編『続・続遠野むかしばなし』（熊谷印刷出版部、一九九三年）、工藤紘一編『第四集遠野むかしばなし』（熊谷印刷出版部、一九九五年）。

阿部ヤヱ　あべ・やえ

昭和九年、松崎村（現、遠野市松崎町）の農家に生まれる。多くの話は、本家の祖母や、子守に預けられている間にツッツ婆（ツッツは乳のこと）から習得した。周囲の人達は、わらべ唄や昔話を大切な学問として教育してくれたという。わらべ唄を得意とし、歴史に結びつけて伝えている点に特徴がある。教育に果たす伝承の役割を深く考え、自ら筆を執ることもある。『遠野物語』の世界は、村で生きてゆくために知らねばならない噂話であるという。

【登戸の婆さま―『遠野物語』八話】

あったずもな。

むがし、下登戸《しものぶと》*の家《え》に女子童子《おなごわらす》こあったんだど。そしてば、娘になった時、ある日、どごさ行ったのが、いなぐなってしまったんだど。皆して、

「神隠しにあった」

「神隠しにあった」て喋ってだったんだど。

そうしてば、ずうっとずうっと経って、何十年経ったのがな、ある風の吹ぐ寒い日、よさよさつう着物着た婆さま、その家の前《め》さ立ってだったんだど。そして、「覚《お》べだ人もいなぐなったなあ」て独り言言《せ》って、またどごさが行ったんだがな、いなぐなったんだど。

そごらの人達《したず》ぁ、

「あれはきっと神隠しにあった娘が、年寄《としょ》って家恋しぐなって戻って来たったんだなあ」て喋ったんだど。

それがら、ピューッと風の吹ぐ寒い日は、

「ああ、登戸の婆さま戻って来るような日だなあ」て喋ったんだど。

（佐々木徳夫編『遠野の昔話』より）

＊下登戸…遠野市松崎町上ノ山の下登戸

【一に橘（まりつきの唄）】

一に　橘
二に　かきつばた
三に　下がり藤
四に　ししぼたん
五つ　いやまの千本桜
六つ　紫　色良く染めて
七つ　南天
八つ　山吹よ
九つ　小梅を散らしに染めて
十で　殿様あおいの御紋

徳川家康のお城、江戸城のふすまの模様をうたっているといわれていました。

まりつきの唄は、体全体で調子をとりながら、唄に合わせてまりをつき、唄にうたわれている内容から、世の中のことを知るといった目的でうたわれたのだそうです。世の中のことを語って聞かせるときの、話の切り出しとしてもうたわれていました。

（『人を育てる唄』より）

【わらべ唄集】阿部ヤヱ『人を育てる唄』（エイデル研究所、一九九八年）。

この他にも、鈴木ワキ（大正一〇年生まれ）、菊池ヤヨ（大正一五年生まれ）、佐々木イセ（昭和五年生まれ）、菊池玉（昭和九年生まれ）、菊池栄子（昭和一五年生まれ）などが語り部として活躍している。

遠野と民俗学者たち

いつの頃からか、遠野は日本民俗学の誕生の地と目されてきた。それは、この地が『遠野物語』の舞台であったからだが、早く台湾研究の泰斗・伊能嘉矩《いのうかのり》が現れ、さらに鈴木吉十郎《きちじゅうろう》、鈴木重男《しげお》、佐々木喜善《ささききぜん》が続いた。そして、柳田国男は生涯に三度訪れて、親しく交わり、それを慕うかのように、ニコライ・ネフスキー、折口信夫《おりくちしのぶ》、山下久男など多くの民俗学者がここを訪れた。こうした人々の働きかけなくしては、『遠野物語』の研究も、今日の遠野も存在しなかった、と言ってもいいだろう。ここでは、そうした主な人々の略歴と、遠野との関わりを述べておきたい。

柳田国男

やなぎた・くにお

明治八年、兵庫県神東郡田原《たわら》村（現神崎郡福崎町）辻川に生まれる。長兄松岡鼎《かなえ》の住む茨城県布川《ふかわ》に移り、上京後は松浦辰男に歌を学ぶ。その後、新体詩を作るが、東京帝国大学卒業後、農商務省に勤務し、各地を視察・講演に歩く。『後狩詞記《のちのかりことばのき》』『遠野物語』をまとめ、さらに高木敏雄と雑誌『郷土研究』を創刊、多くの筆名を使い分けて文章を発表する。貴族院書記官長を務めた後、朝日新聞社客員となって、東北・沖縄を旅行。さらに国際連盟委任統治委員となり、ヨーロッパに行く。帰国後、朝日新聞社論説委員として筆を揮い、『海南小記』『山の人生』『雪国の春』などを次々に刊行。日本民俗学講習会を開き、民間伝承の会を設立、雑誌『民間伝承』を刊行し、民俗学の発展に尽くす。戦後も精力的に執筆を続け、『先祖の話』『新たなる太陽』『海上の道』などを刊行するが、『定本柳田国男集』刊行中の昭和三七年に心臓衰弱で死去した。

【遠野との関係】柳田は三度、遠野を訪れている。明治四二年の旅行は、「柳田国男の遠野紀行」で詳しく述べた。

大正九年には、三陸海岸を北上しながら、その見

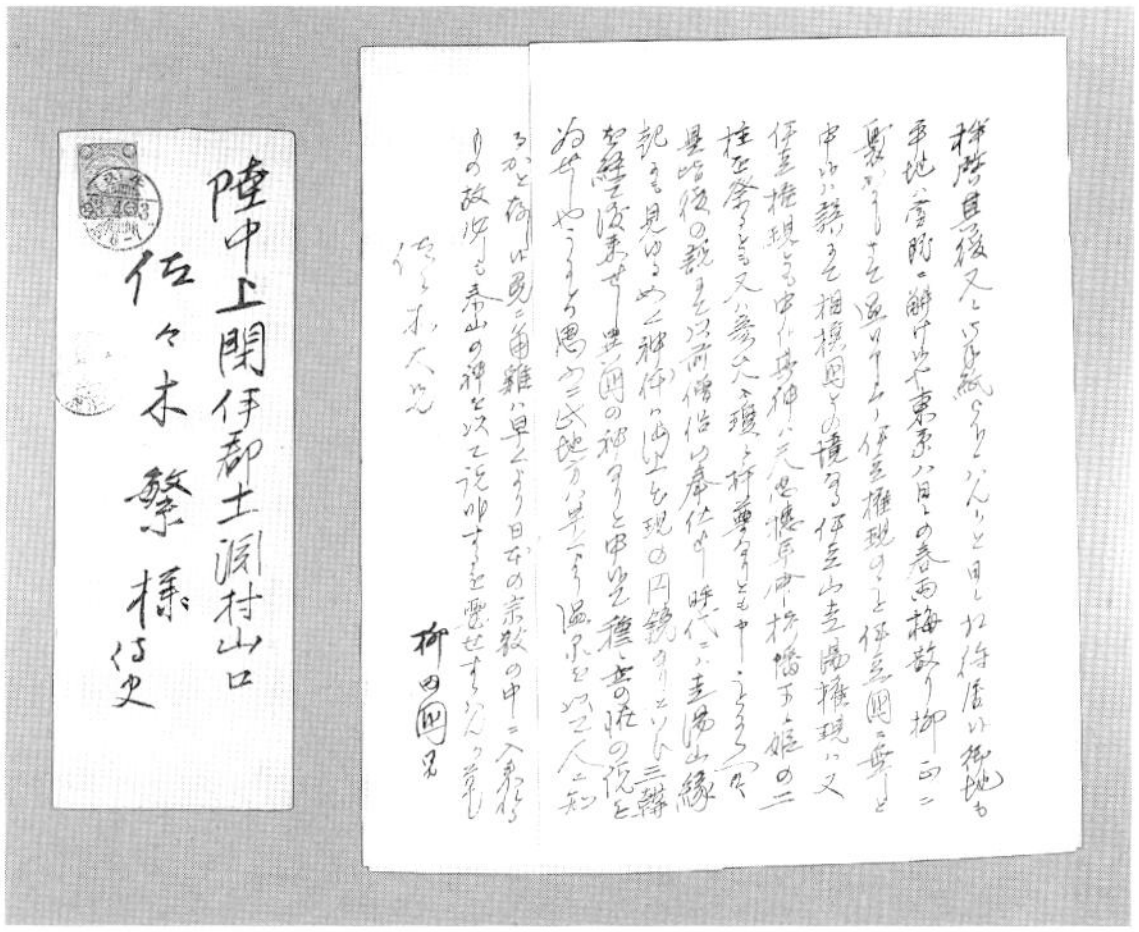

柳田国男が佐々木喜善にあてた書簡　明治43年4月3日。「繁」は佐々木の筆名。柳田の『石神問答』では書簡30に入った。

聞を「豆手帖から」と題して『東京朝日新聞』に連載する。これは後に、『雪国の春』に収録された。途中、江刺から遠野へ入り、柳田は伊能嘉矩、鈴木重男、佐々木喜善などの旧知と会った。「豆手帖から」に引かれた「竈神之由来《かまじがみ》」は、佐々木が聞いた話をもとにしたと思われる。佐々木とは釜石で落ち合い、松本信広（後に東洋学者）と三人、徒歩で八戸へ出ている。

大正一五年には、前年に亡くなった伊能嘉矩の追悼講演会が開かれた。人類学者・松村瞭《あきら》と言語学者・金田一京助《きんだいちきょうすけ》に続いて、「東北研究者に望む」という講演を行い、伊能の台湾研究と東北研究における民族学・人類学との関係を述べた。講演要旨が八月二日から四日の『岩手日報』に載っている。

その後遠野を訪れることはなかったが、昭和四年九月に、佐々木の主宰した東北土俗講座の放送に協力し、「東北と郷土研究」と題して話した。これは、後に『東北の土俗』に収録された。そこでは、『遠野物語』は早く注目されただけで、東北特有というべきものはないと否定している。昭和八年に佐々木が亡くなり、昭和一〇年に『遠野物語　増補版』を出したが、『遠野物語』への関心は一時的なものにすぎなかった。

昭和二四年、釜石線の開通を祝って遠野町が作った『遠野』に、「序」を寄せた。二〇年ほど前に遠野の上空を飛んで『遠野物語』の全舞台を見たことを懐かしく思い出し、遠野を日本の楽土とする念願もいつかかなうだろうと述べる。だが、『遠野物語』の存在が世に知られ始めるのは、昭和二六年に創元文庫版の『遠野物語』が出たあたりからであった。

佐々木喜善

ささき・きぜん

明治一九年、西閉伊《にしへい》郡栃内《とちない》村（現、遠野市土淵《つちぶち》町）に生まれる。東京に出て、哲学館や早稲田大学で学び、

佐々木喜善の『聴耳草紙』（昭和六年）の背

同じ下宿にいた新進作家・水野葉舟《ようしゅう》と知り合う。小説「長靴」で認められて次々と作品を発表、文壇に多くの友人ができた。水野の紹介で柳田国男に会い、『遠野物語』の聞き書きも始まる。しかし、病気になるなどして遠野の暮らしを余儀なくされる。創作も続けるが、柳田の導きで郷土の伝承を研究しはじめ、『郷土研究』に寄稿。村会議員の要職にも就くが、『奥州のザシキワラシの話』をまとめる。その後、ニコライ・ネフスキーとオシラサマの共同研究をし、本山桂川《けいせん》との交際が始まる。やがて昔話の研究が中心となり、『江刺郡《えさしぐん》昔話』『紫波郡《しわぐん》昔話』『老媼夜譚《ろうおうやたん》』などを刊行。途中、村長にもなったが、うまくゆかず、家族を連れて仙台に移住。ラジオの東北土俗講座を主宰し、『聴耳草紙《ききみみぞうし》』や雑誌『民間伝承』を発刊するが、昭和八年に腎臓病で死去。

【遠野との関係】創作でいえば、早く『遠野新聞』に詩を寄せたり、東京で文壇に仲間ができてからは、遠野をモデルにした小説も書いたりした。

しかし、水野によって怪談の名人として待遇され、その記録に登場するようになる。そうした折に出会ったのが、柳田であった。柳田は佐々木の話を興味をもって聞き、それを『遠野物語』にまとめた。この作品には、佐々木は語り手としてだけでなく、書き手としても関わった痕跡がある。

やがて自ら伝承を記録しはじめるようになる。当初は「遠野雑記」のような雑多な世界を記述したが、次第に対象が絞られる。その結果、大正九年、ザシキワラシと呼ばれる神・妖怪を対象とした『奥州のザシキワラシの話』をまとめる。

昔話研究では、大正一一年、江刺から来ていた炭焼き浅倉利蔵の話をまとめた『江刺郡昔話』を出し、次いで大正一五年、小笠原謙吉（作家・郷土史家）から送られた資料を書き直した『紫波郡昔話』を出した。だが、遠野の資料の発表は遅れ、昭和二年、村の辷石《はねいし》谷江《たにえ》とその場に集まった男たちの昔話を聞いた順に入れた『老媼夜譚』が最初になる。これは、昔話の調査から昔話集の方法までを意識して作っている点で、画期的な資料集であった。

昭和六年の『聴耳草紙』は、仙台にいたこともあって、東北各地から広く資料を集め、当時としては最大の昔話集になった。しかし、調査範囲を拡大し、世間話を挿入した作り方は、柳田の認識とは大きな違いを生じていた。晩年の二人の対立は、かなり深刻なところにまで進んでいたと思われる。結局、佐々木が渡した資料をもとにした「遠野物語拾遺」を含む『遠野物語　増補版』が出たのは、没後の昭和一〇年であった。

伊能嘉矩

いのう・かのり

慶応三年、遠野町に生まれる。祖父・友寿《ともなが》の薫陶《くんとう》を受け、漢学の素養を身につけた。医学を志したが、挫折、自由民権運動に入り、「鹿之狸《かのり》自伝」「三村地誌略」「征清論」を著して、東京に遊学する。その後、岩手師範学校に学ぶが、寄宿舎騒動によって退学。再び東京に出て、新聞の編集をする一方、東京人類学会に入会し、坪井正五郎《しょうごろう》に人類学を学ぶ。日清戦争後、日本の植民地となった台湾に渡り、生活・風俗・社会などを調査し、『台湾志』『台湾蕃政志』などを出版する。遠野に戻ってからは、台湾研究の成果をまとめる傍ら郷土研究に従事し、『上閉伊郡志』『遠野史叢』などを著すが、大正一四年、急逝。遺稿の中から『遠野方言誌』や、台湾研究の集大成『台湾文化志』が刊行された。

伊能嘉矩の『遠野方言誌』（大正15年） 没後刊行の1冊。末尾に「閉伊地名考」が入る。

【遠野との関係】明治二七年、『東京人類学会雑誌』に「奥州地方に於て尊信せらる、オシラ神に就きて」を発表し、早く東北の民間信仰に着目するが、研究の中心は台湾へ移ってしまう。永年にわたる台湾の調査を終えて、遠野に帰り、明治四二年、柳田国男の訪問を受ける。その時には、『遠野旧事記』を見せ、白髭水《しらひげみず》の怪談や穴居の人々の話をし、さらに南部家の宝物を見せている。柳田との出会いによって、郷土研究の重要性に眼を開かれたらしい。

柳田と書簡の往復が始まり、それに伴って、佐々木喜善との交際も本格化したらしい。『遠野物語』が刊行された後、遠野に帰ることを逡巡していた佐々木を励ましてもいる。ちょうどその頃、鈴木重男らと遠野史談会を設立して、郷土研究の中心となっていた。大正二年には、上閉伊郡教育部会から『上閉伊郡志』を刊行している。

大正九年、柳田が三陸海岸を旅してきた時、高善《たかぜん》旅館で再会する。その時のことを「車井物語」と題して、『岩手毎日新聞』に寄稿した。この来訪に刺激されたのか、翌年から『遠野史叢』を刊行、大正一三年には、鈴木の遠野郷土館を助けるため、伊藤栄一（町会議員・歌人）・松田亀太郎（役場書記）・佐々木らと郷

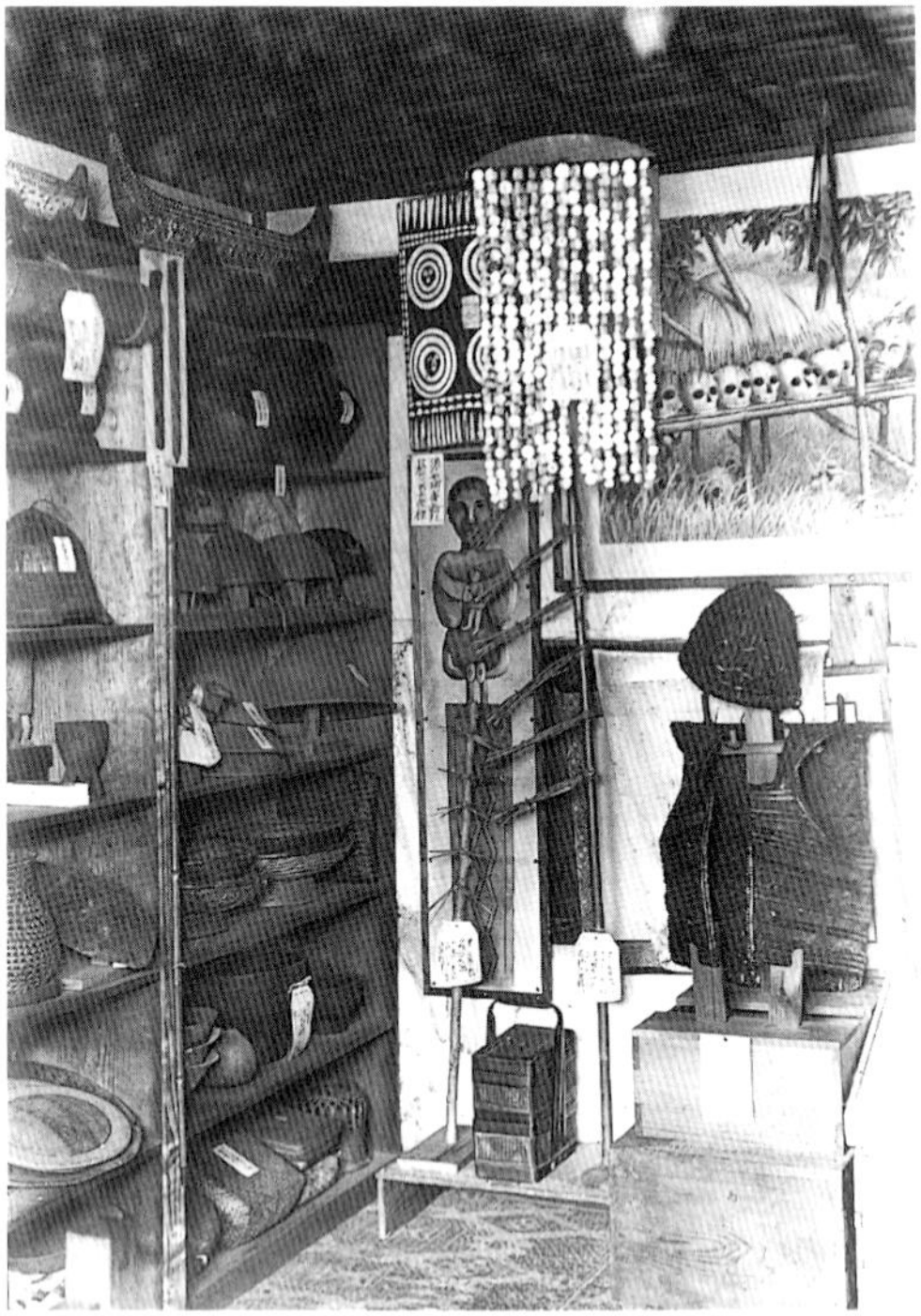

伊能嘉矩の台湾館陳列室　台湾での収集品。『台湾文化志』（昭和3年）の口絵にも使われた写真。

土研究会を設立する。

急死した翌大正一五年一月には、伊能先生記念郷土学会が設立された。六月、柳田は遺稿であった『遠野方言誌』を刊行、「諸君の知る如く、先生は東奥遠野のみの恩人では無かつた。日本一国の学者の態度を以て其郷土を研究し、又其郷土愛に立脚して、広く内外の事相を学ばれた」と讃えた。七月には、伊能先生追悼会に続いて、記念講演会が催された。この時には、人類学者・松村瞭の「日本民族と東北地方」、言語学者・金田一京助の「郷土の言語と伝説」、柳田の「東北研究者に望む」の講演が行われた。

昭和五七年、伊能嘉矩先生顕彰碑が建てられ、宮本延人『伊能嘉矩氏と台湾研究』が刊行され、佐々木とともにその業績の見直しが始まった。

鈴木吉十郎と鈴木重男

すずき・きちじゅうろう　すずき・しげお

鈴木重男

鈴木吉十郎は、安政六年、遠野南部家家臣の家に生まれ、鈴木家の養子となる。岩手教員講習所に学び、遠野・駒木《こまぎ》・細越《ほそごえ》などの小学校に勤め、後に遠野町役場の書記となった。その間、郷土史や南部家士族の研究に力を尽くし、『遠野小誌』『遠野士族名簿』『山名宗真伝』などを著した。大正一一年に死去。鈴木重男は、明治一四年、吉十郎の長男として生まれる。岩手県師範学校を卒業後、大槌《おおづち》・土淵の小学校に勤めた。父とともに郷土史の研究を進め、『土淵村今昔物語』『鍋倉神社祭神事歴』などを著した。その後、盛岡の県教育会館の館長に就任するが、昭和一四年に亡くなる。

【遠野との関係】鈴木吉十郎は、遠野町役場に勤める傍ら、郷土資料を集めて研究を進めてきた。伊能嘉矩と親交があり、その研究は、今日でいう考古学はもとより、歴史学・民俗学に及ぶ広いものであった。柳田国男の『遠野物語』を意識したのだろうか、刊行直後

鈴木重男の設立した遠野郷土館の絵葉書

の明治四三年八月に、『遠野小誌』を著している。これは、「上閉伊郡西部一町十村の地理沿革勝地旧跡等の梗概を記したもの」であり、遠野を広く紹介する好著であった。伊能はこれを柳田に贈っている。

吉十郎が大正一一年に亡くなると、その子重男が跡を継ぐことになる。大正一三年には収集した郷土資料をもとに個人経営の遠野郷土館を開設した。「施設要項」によれば、「郷土の地理歴史並土俗に関する文書標本を輯集保存し公衆の閲覧参考に供す」という目的で、日曜日に公開した。一階は図書室と事務所、二階は標本室であった。さらに伊能・伊藤栄一（町会議員・歌人）・松田亀太郎（役場書記）・佐々木喜善らが発起人となって、ここを拠点にした郷土研究会を設立、雑誌『遠野』を創刊する。第一回の例会には、本山桂川（民俗学者）が来ている。

こうして郷土研究の機運は高まったが、大正一四年には、郷土研究会の中心であった伊能が急死してしまう。しかし、重男は大正一五年、伊藤・松田・板沢武雄（歴史研究者）らと発起人になって、伊能先生記念郷土学会を設立し、自らも『土淵村今昔物語』の上巻八篇を出した。こうして新たな道を探ったが、昭和二年の火事で郷土館が焼失してしまった。父子二代にわたって収集した膨大な資料は、一朝にして灰燼に帰したのである。

この父子の業績についての検討は、これからの課題である。

ニコライ・ネフスキー

明治二五年（一八九二）、ロシアに生まれる。ペテルブルグ大学を卒業。大正四年（一九一五）、文部省の官費留学生として日本に留学、国文学・民俗学を学ぶが、ロシアの内乱によって送金停止となる。そのため、小樽高等商業学校・大阪外国語学校に勤め、京都帝国大学の講師を兼任。昭和四年（一九二九）に帰国。レニングラード大学で日本語を教えるが、一二年（一九三七）に逮捕され、一二年（一九三七）、死亡。その間、東洋学者・言語学者として、アイヌ語・沖縄

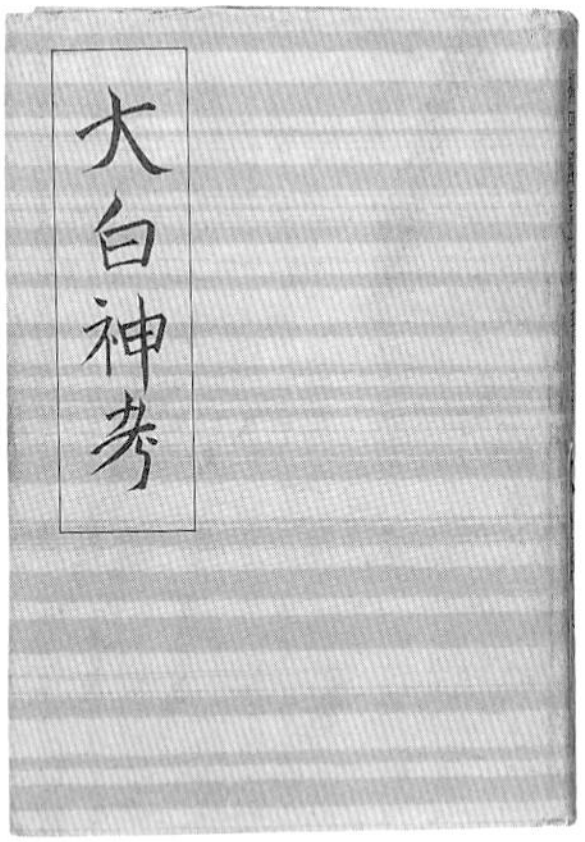

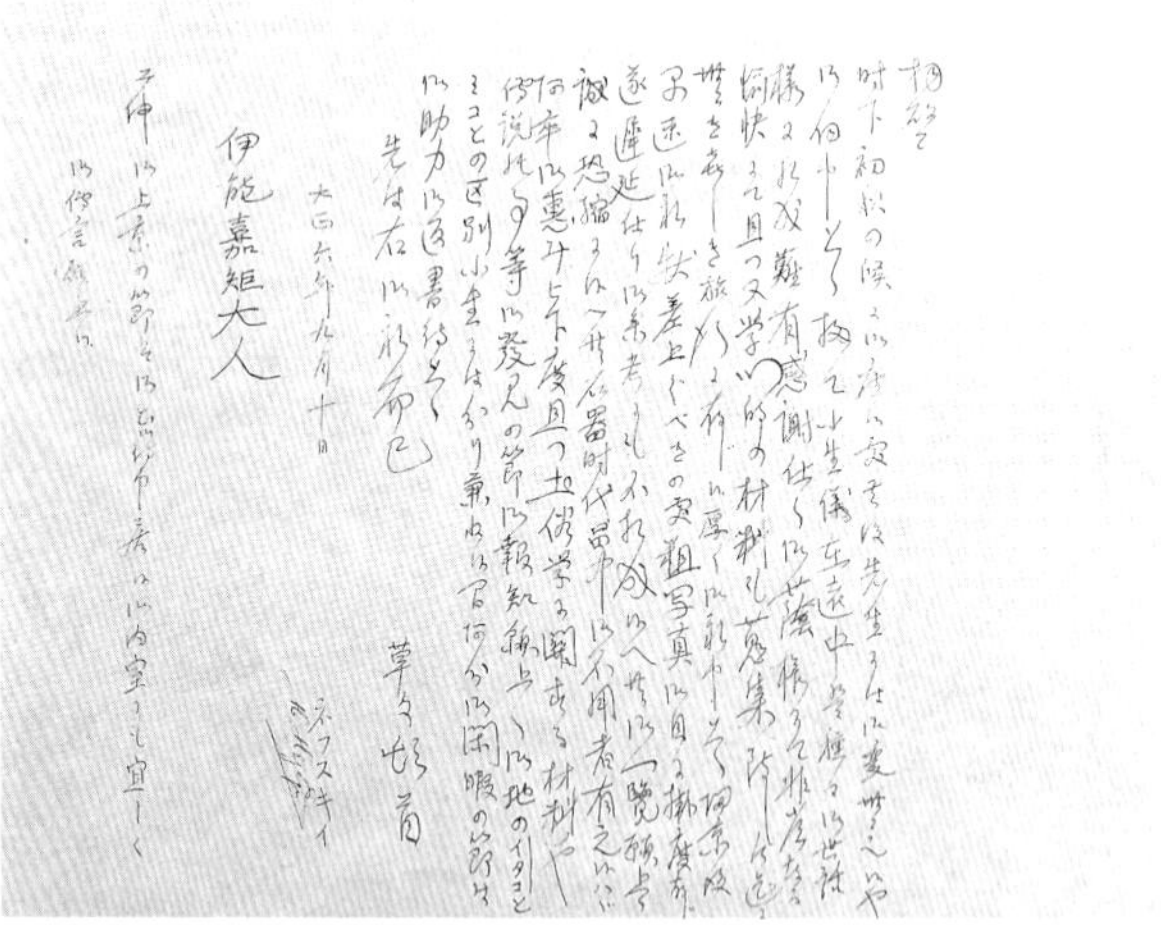
大正六年九月十日

伊能嘉矩大人

右：柳田国男の『柳田国男先生著作集　第十一冊　大白神考』（昭和26年）
左：ネフスキーが伊能嘉矩にあてた書簡　大正６年９月10日

語・西夏語を研究した。死後、名誉が回復し、レーニン賞を授与された。

【遠野との関係】来日後、中山太郎を通じて柳田国男や折口信夫と知り合い、親しく交際した。大正六年、ロシアの政変のために本国からの送金が停止され、帰国を延期することになる。

この年の八月から九月にかけて遠野を訪れ、佐々木喜善宅に滞在している。その間に、観音様の祭りやコンセイサマ、種々の樹木神などの写真を撮り、鹿踊《ししおど》りの古本を筆写している。佐々木の家のオシラサマを貰《もら》い、伊能嘉矩に町を案内されて、大慈寺でもオシラサマを貰い受けている。

大正八年には、小樽で暮らすようになる。翌大正九年八月から九月にかけて、小樽に帰る途中、柳田の紹介で福島県磐城の高木誠一を訪ね、オシンメサマの調査を行う。三陸海岸を旅して遠野に来た柳田に遅れて、遠野を訪ねている。その後、佐々木とは往復書簡のなかで資料のやりとりをして、オシラサマの共同研究を行ったが、思うように進まず、挫折する。

そうした頃、柳田、次いで折口信夫が沖縄に旅行をしたのに刺激され、大正一一年に大阪に移ると、念願の宮古島の調査に赴く。その後も大正一五年、昭和三年にも出かけて、アヤゴの研究を行っている。

柳田は、昭和初期になると、自らオシラサマの研究を開始し、次々と論考を発表するが、もはや二人の関心はずれていた。戦後になって、非業の死を遂げたことを伝え聞き、柳田は「序文――オシラ様とネフスキー」を載せた『柳田国男先生著作集　第十一冊　大白神考』をまとめた。それは、柳田自身の研究の決着であり、「終りを全うせざる友情の悲しき記念」であった。

折口信夫 鈴木金太郎撮影『折口信夫の世界』(岩崎美術社刊)より。

折口信夫

おりくち・しのぶ

明治二〇年、大阪府に生まれる。幼い時から古典や短歌に親しみ、国学院大学で国文学を学ぶ。卒業後、短歌を作り、『アララギ』に属するが、後に脱退。一方では、柳田国男に私淑し、『郷土研究』に寄稿。国学院大学、さらには慶応義塾大学でも教鞭を取り、多くの門下生を育てた。民俗学的方法による古代研究は『古代研究』にまとめられ、歌集『海やまのあひだ』、小説『死者の書』、詩集『古代感愛《かんない》集』などの創作も残し、昭和二八年に死去。釈迢空《しゃくちょうくう》の筆名を使う。

【遠野との関係】折口は、佐々木喜善との文通はあったが、東北に足を踏み入れることを長く拒《こば》んできた。柳田に遠慮したのだと言われている。最初に東北に入ったのは、昭和四年、仙台で佐々木が主宰した東北土俗講座の放送を引き受けた時であった。この時は、「東北文学と東北民俗との関係」と題して話した。これは、後に改題して、『東北の土俗』に収録された。

翌昭和五年、仙台で佐々木と会い、遠野に来た。その時の経験をもとに、「奥州」と題して、「猿ヶ石川にひたすら沿ひのぼり、水上《ミナカミ》ふかきたぎちを　見たり」「みちのくの　幾重かさなる荒山の　あらくれ土《ツチ》も、芝をかづけり」「山なかは　賑はへど、音澄みにけり。遠野の町にあがる　花火」などと詠んでいる。これは、昭和二三年刊行の『水の上』に収められた。この時、二人は、さらに八戸まで足を延ばしている。

昭和八年、佐々木が亡くなった時には、国学院大学で追悼会を開き、「座敷小僧の話」を講演した。さらに昭和一〇年の『遠野物語　増補版』の刊行にも力を尽くし、「後記」を寄せて、佐々木の死去と柳田の還暦を対照させた。

釈迢空(折口信夫)「遠野物語」の碑(遠野市立図書館・博物館前)　折口信夫が『遠野物語』を古書の山から買った感激を長歌に詠んだ「遠野物語」の一節。

昭和一四年、「遠野物語」の長歌を『ドルメン』に発表し、大正三年冬、神保町の露店に積まれた古書の山から『遠野物語』を買い求め、音読した思い出などを詠んだ。この時の値段は五銭、発売時の定価の一〇分の一であった。昭和一九年、柳田の古稀記念懇談会では、最後にこれを朗詠している。これは、後に手を入れて、『古代感愛集』に反歌を添えて収録された。

昭和一六年には、慶応義塾大学の教え子・山下久男を遠野に赴任させ、佐々木の研究を行わせた。戦後、山下が訪ねて来て、柳田の書簡集や佐々木の全集などの相談をした時、「住みつきてうつることなし雪高き閉伊のとほの、物語せよ　迢空」と書いた短冊を渡した。昭和二八年、山下に頼まれて、「佐々木喜善之墓」の文字を書くが、それを最後に亡くなってしまう。

晩年には柳田と離反し、仙台で客死した佐々木に寄せる思いは、誰よりも深かったと推測される。遠野市立図書館・博物館前には、昭和五五年、開館を記念して、「遠野物語」の長歌の一節を刻んだ碑が建てられた。

山下久男

やました・ひさお

明治三六年、石川県に生まれる。慶応義塾大学文学部文学科を卒業し、福井・石川両県で教職に就き、『江沼郡《えぬまぐん》手毬唄集』『加賀江沼郡昔話集』を刊行し、民俗学界で知られる。昭和一六年六月から二五年三月まで、遠野中学校教諭、遠野第一高等学校教諭、遠野第一高等学校主事を務め、石川に帰る。その後、精力的に佐々木喜善研究を発表しつづけた。その間、『榛《はん》の木のある風景』『中谷宇吉郎の幼少年時代』『深田久弥の幼少年時代』『加賀昔話集』などをまとめる。昭和五七年、死去。蔵書の一部が遠野市立図書館に山下文庫として収められた。

【遠野との関係】大学時代、折口信夫から国文学を学び、郷里に帰ってから民俗学の本を読みふけった。佐々木喜善の編んだ『江刺郡昔話』『紫波郡昔話』『聴耳草紙』などの昔話に惹《ひ》かれ、自らも昔話を集めるようになる。

昭和一六年、折口から遠野へ赴任するようにという手紙があった。あこがれの地に着任し、折口の期待に応えるべく努力するが、次第に戦争が激化し、思うような研究はできなかった。戦後、昭和二一年、遠野史料展が開催された時に柳田国男に出品を依頼、『柳田国男　佐々木喜善　折口信夫　鈴木重男先生書簡』を発行。さらに、『佐々木喜善著作目録』をまとめる。しかし、昭和二五年、石川に帰ることになり、柳田の佐々木にあてた書簡を整理し、『柳田国男先生書簡集』を置土産とする。

佐々木の墓碑を建てることになり、折口に揮毫を依頼するが、折口がそれを最後に亡くなってしまって、それ以後、本格的な研究活動が始まった。遠野で発行していた『東北歌人』には、折口や柳田の思い出を書き、さらに、佐々木と前田夕暮・三木露風《ろふう》・水野葉舟・秋田雨雀《うじゃく》・石川啄木《たくぼく》・北原白秋・宮沢賢治の関係をまとめる。また、大聖寺で発行していた『えぬのくに』には、佐々木とニコライ・ネフスキーや早川孝太郎との関係を書いた。

しかし、基礎研究はなかなか進まなかった。それに加えて、柳田が亡くなる前後から、佐々木研究の第一人者として、さまざまな紹介文を求められるようになる。そうしたなかで、遠野でも『遠野物語』や佐々木の見直しが始まるようになり、昭和四六年には、遠野駅前に『遠野物語』序文の碑を建てることに力を尽くし、さらに柳田の生誕百年の記念調査の時には、案内を務める。昭和五七年、佐々木喜善先生顕彰碑を建てることにも協力した。それにあわせて刊行した『佐々木喜善先生とその業績』が生前最後の著書となった。

その仕事は、日本で最初の民俗学史研究であった。

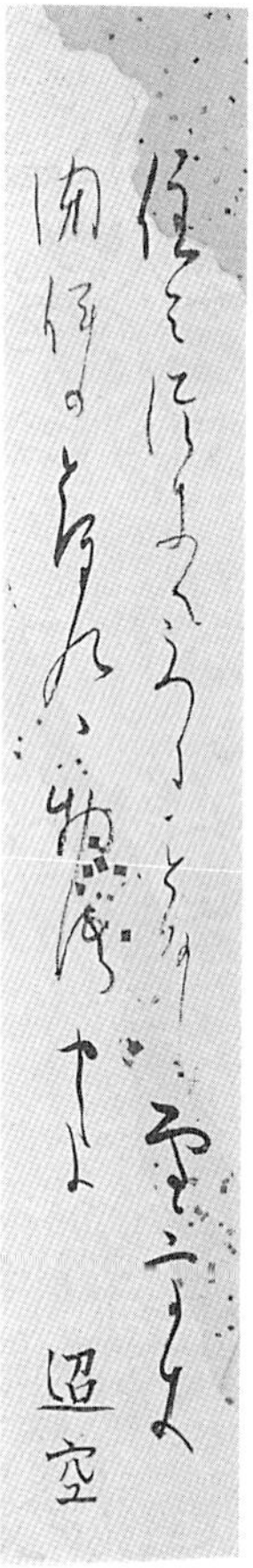

釈迢空（折口信夫）が山下久男に与えた短冊

遠野駅前に建つ遠野物語碑　『遠野物語』刊行60年の記念事業として建てられ、序文の冒頭を刻む。

駒形神社の神馬（附馬牛町）
馬の信仰を集め、お札を配る（本書59頁）。

『遠野物語』案内

春から秋には定期観光バスも出るが、近い場所なら、コースを考えてレンタサイクルでまわることができる。サイクリングの道には解説の碑やオブジェが建っているので、参考になる。だが、もう一歩踏み込んで、広く『遠野物語』の世界を歩いてみるのに役立つと思われる場所や施設を中心に紹介してみたい。遠い場所も含まれているので、注意してほしい。

遠野町内

【遠野駅前と駅前通り】 駅を出ると、『遠野物語』の序文を刻んだ碑とカッパの像が迎える。駅前交番は建物がカッパの形であり、その隣には物産センター・観光案内所がある。駅前通りには、世界の昔話を題材にした彫刻やレリーフが並ぶ。

【とおの物語の館】 昔話を映像や音声で楽しむことができる「昔話蔵」や、柳田国男が滞在した宿「高善旅館」と晩年を過ごした「旧柳田國男隠居所」でその生涯と功績を紹介する「柳田國男展示館」、語り部による昔話を聞くことができる劇場「遠野座」のほか、お食事処やギフトショップも充実。（遠野市HPより）

【遠野市立図書館】 遠野の歴史や民俗、昔話に関する資料を集め、柳田国男・折口《おりくち》信夫《しのぶ》の著作を揃える。前には折口の「遠野物語」の長歌の一節を刻んだ碑が建っている。

【遠野市立博物館】「遠野物語の世界」「遠野 人・風土・文化」「遠野物語と現在」の三部からなり、遠野の歴史と生活を広く紹介する（本書一一八ページ）。

【駒木家の太子堂】 子供が大師様の像に縄を掛けて遊ぶのを見とがめると、大師様が枕神に現れて叱《しか》ったという（拾遺五四話）。

【大慈寺】 縁の下に狐が巣を作っていたという話がある（拾遺一九六話）。伊能《いのう》嘉矩《かのり》、鈴木吉十郎・重男《しげお》父子の墓がある。

【池の端の石臼《いしうす》】 柳玄寺には、物見山の沼

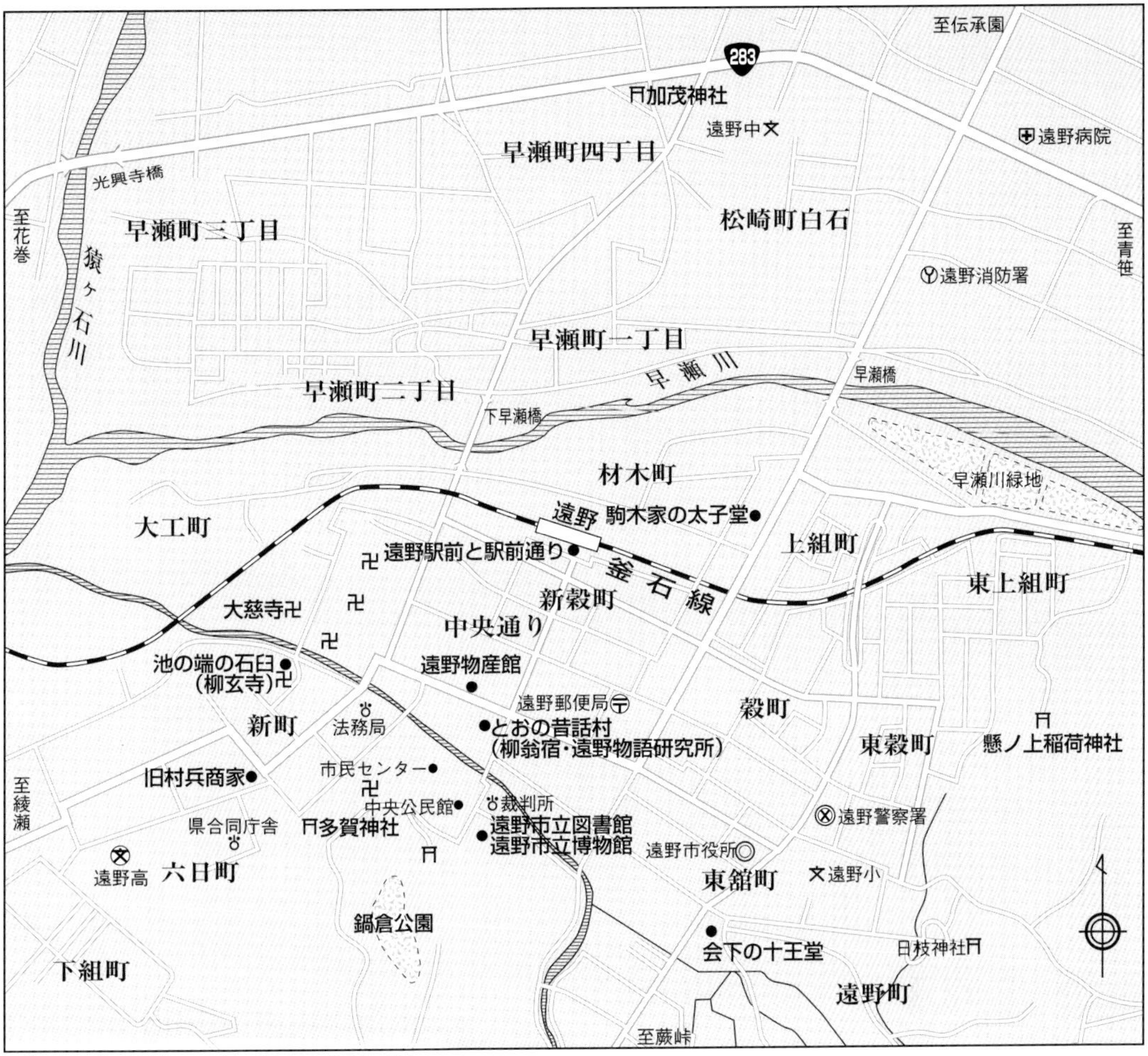

※「とおの昔話村」は現在、「とおの物語の館」

駒木家の太子様（上組町）　子供が遊ぶのを叱ると、枕神に立った（拾遺54話）。

の主に石臼をもらって裕福になった池の端の家の墓碑があり、石臼を抱える姿が彫られている（二七話）。

【多賀神社】 多賀神社の狐は、魚を買って帰る人をだまして取ったという（拾遺一九三話）。

【会下《えげ》の十王堂】 子供が会下の十王堂の仏像で遊ぶのをとがめて患った男がいる。また、別当家の田植えを仏像が手伝ったともいう（拾遺五三話、拾遺六八話）。

【旧村兵《むらひょう》商家】 江戸時代、遠野第一の豪商だった村兵家を移築した（拾遺八八話、拾遺一一〇話、拾遺一三六話）。

綾織《あやおり》・小友《おとも》方面

【卯子酉様《うねどりさま》】卯子酉様の傍らには片葉の蘆《あし》を生じ、淵に願を掛けると男女の縁が結ばれるという（拾遺三五話）。

【愛宕神社《あたご》】愛宕様は火防《ひぶせ》の神様で、和尚の姿になって消火したという（拾遺六四話）

【羽黒岩】山の中腹の羽黒堂の背後に、おがり（成長）比べをしたというとがり岩と矢立松《やたてまつ》がある（拾遺一〇話）。

【石神山(石上山)】遠野三山の一つ（二話、拾遺一二話）。

【姥石《うばいし》と牛石】巫女《みこ》が石神山に牛に乗って登り、姥石と牛石になったという（拾遺一二話）。

【駒形神社】駒形神社の御駒様は、田植えの時に来た巨根の男を祀って建てられた。境内には、物知りが来て名づけた竜石がある（拾遺一四話、拾遺一一五話）。

【光明寺】光明寺には、天人児《てんにんこう》が蓮華の花から糸を引いて織った曼陀羅が伝わる（拾遺三話、拾遺四話）。

【続石《つづきいし》と泣石《なきいし》】武蔵坊弁慶が作ったという続石と、弁慶が笠石を置いたので、泣き明かしたという泣石がある。鳥御前は、この上の山で山の神の遊ぶのを邪魔して祟《たた》られ、死んだという（九一話、拾遺一一話）。

【篠権現《しのごんげん》】小友町土室《つちむろ》の篠権現の姥神様に起こされた話が伝わる。この姥神様は疱瘡《ほうそう》の神様（拾遺五六話）。

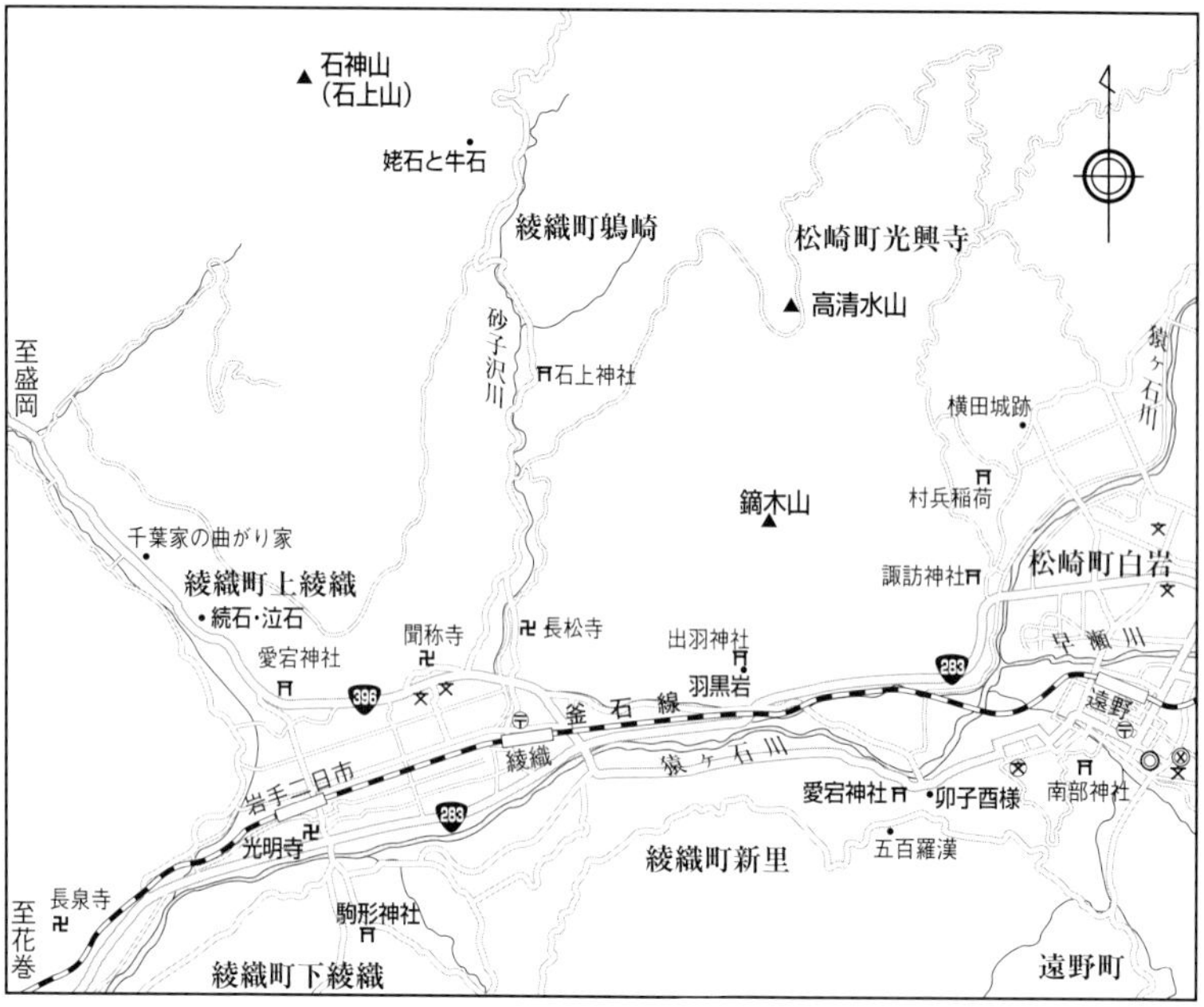

豪農・千葉家の曲がり家（綾織町）

矢立松から出た矢など（綾織町）　矢立松を伐った時、80本ほどの鉄矢の根が出た（拾遺10話）。矢、鏃、剣、石がある。

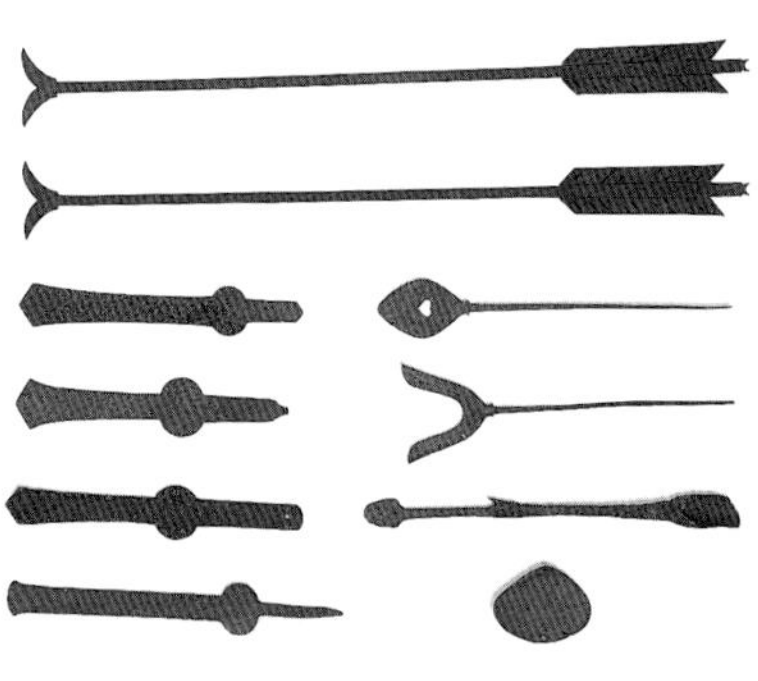

上郷・青笹方面

【伊豆権現】 女神が三人の娘を伴って来て、伊豆権現の社のある処に宿ったという（二話）。

【貉堂《むじなどう》】 曹源寺の裏の貉堂には、貉の化物が退治されたという話がある（拾遺一八七話）。

【六神石神社《ろっこうしじんじゃ》】 六神石（六角牛）神社の本尊の一体を盗んで佐比内《さひない》鉱山の鉱炉《かま》に入れたが、溶けなかったという（拾遺一二九話）。

【沼の御前】 天人児が来た沼として、わずかに御前沼が残る。この沼の水を風呂に沸かして病人を入れたら、よく効いて流行《はや》ったという（拾遺三話、拾遺四三話）。

【六角牛山《ろっこうしさん》】 遠野三山の一つ（二話、四六話、四七話、六一話、拾遺一〇二話、拾遺一三五話、拾遺二三五話など）。

【笛吹峠《ふえふきとうげ》】 笛吹峠は継子が笛を吹きながら焼き殺された場所という。山男山女に出逢うと言われた（五話、拾遺二話）。

【仙人峠】 仙人の像を祀った堂があった。金山が崩れて千人の金掘りが死んだことによるという由来もある（四八話、四九話、拾遺五話）。

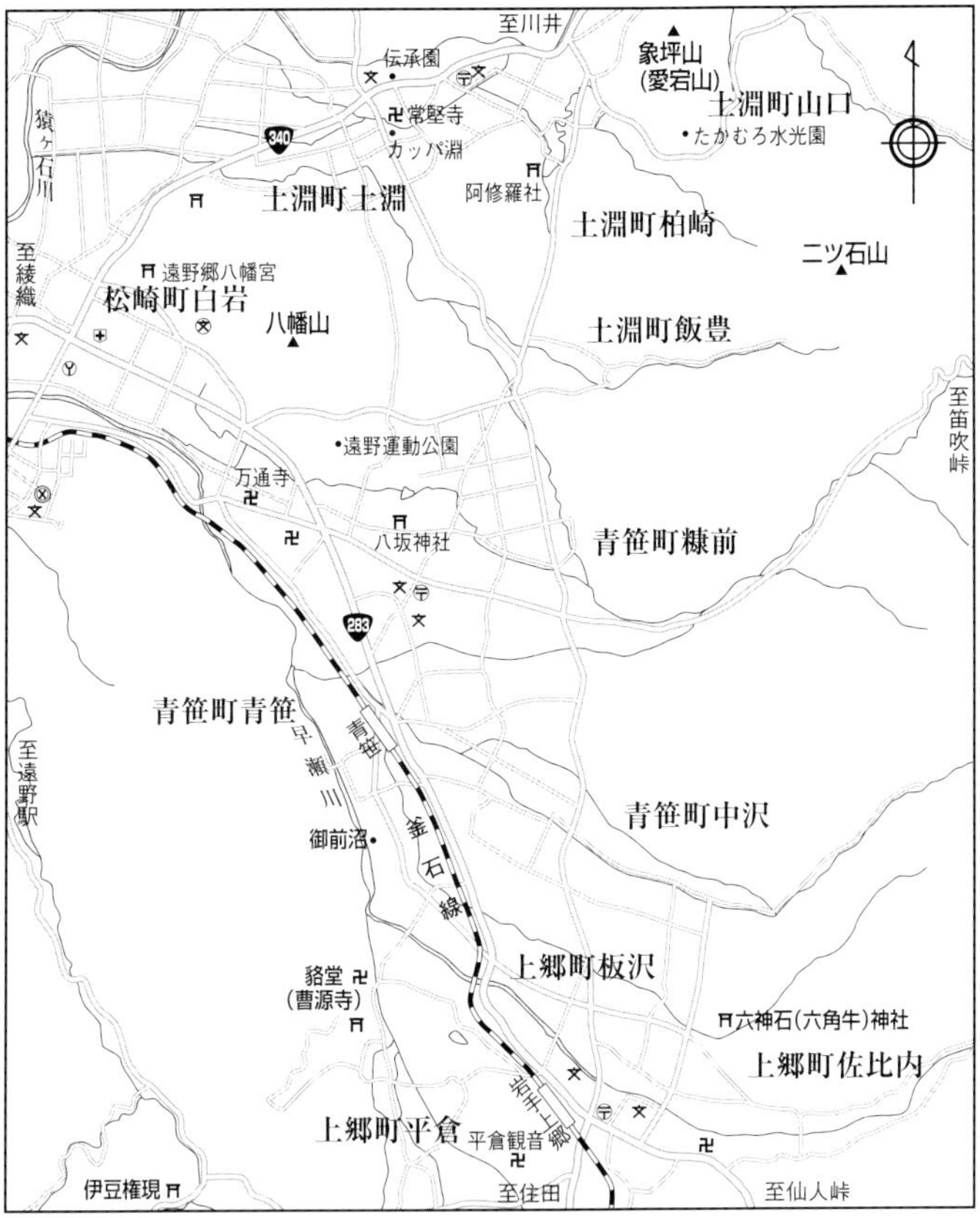

青笹の獅子踊《ししおどり》（青笹町）

六神石《ろつこうし》（六角牛）神社本尊（上郷町）

林崎のホウリョウ（土淵町）

山口集落の追分（土淵町）　左が旧小国《おぐに》街道、右が大槌街道。

土淵《つちぶち》方面

【伝承園】 佐々木喜善の生まれた土淵に、農家の暮らしを再現する。工芸館ではワラ細工などを体験でき、御蚕神堂にはオシラサマを展示する。佐々木喜善記念館は喜善を紹介し、園内には『江刺郡《えさしぐん》昔話』の「はしがき」を刻んだ顕彰碑が建っている。近くに早池峰古道跡がある。

【馬子繋《うまこつな》ぎ】 六月一日の行事。昔はワラで馬を作ったが、今では半紙に馬の形を押して作る（拾遺二九八話）。

【常堅寺】 常堅寺は曹洞宗の寺で、遠野郷の触頭《ふれがしら》。境内に、カッパ狛犬《こまいぬ》や十王堂がある。裏手にはカッパ淵があり、カッパ神を祀る。その奥には、阿倍貞任《さだとう》の一族の屋敷跡がある（六八話、八八話）。

【阿修羅社】 柏崎の阿修羅社の三面の大きな仏像を子供が持ち出して遊んでいたので、近くの老人が叱ると、かえって祟られたという（拾遺五二話）。

【たかむろ水光園】 山の中腹に遠野の自然を再現する。かつて使っていた民具が豊富に集められている。

【二ツ石山】 二ツ石山は山口の集落の南にある山。夫婦岩とも呼ぶ。狼がうずくまっていたという（三六話、拾遺九話）。

【デンデラ野（蓮台野）】 六〇歳を越えた老人はデンデラ野（蓮台野）に追い遣られたと伝える（一一一話、拾遺二六八話）。

【ダンノハナ】 ダンノハナは共同墓地であり、佐々木喜善の墓がある。館《たて》のあった時、囚人を斬った場所という（一一一話、一一二話、一一四話）。

【佐々木喜善の生家】 『遠野物語』の話し手・佐々木喜善の生家である（一七話、二二話、二三話、五九話）。ハネトの家（一九話）は隣家であり、新田乙蔵の家（一二話、一三話）は前にあった。

【孫左衛門家の跡】 ホップ畑の中に、山口孫左衛門家の跡と伝えられる場所がある（一八話〜二一話）。

【姥子淵《おばこふち》】 新屋《しんや》の家《うち》の馬曳《うまひき》の子が姥子淵に馬を冷やしに行き、河童が引き込もうとしたが、逆に引きずられたという。姥子淵は山口川の淵で、新屋の家の裏にあった（五八話）。

【大槌《おおづち》街道の家々】 大槌に向かう街道には、内川口まさ（一〇二話、拾遺九四話）、辷石谷江《はねいしたにえ》（七〇話、七一話）、大洞ひで・万之丞（一四話、二四話、二五話、六九話〜七一話、八三話）、田尻長三郎（七七話〜八二話）の家があった。

【境木峠《さかいげ》と大谷地《おおやち》】境木峠は大槌へ通じる道にあり、今は界木峠《さかいぎ》と書く。頂上近くに大谷地がある（五話、九話、三七話、四一話）。

【貞任山《さだとう》】貞任山には、阿倍貞任が馬を冷やした沼や陣屋の跡があると伝える。また、一眼一足の怪物を旗屋の縫《ぬい》が退治したともいう（六七話、拾遺九六話）。

【白望山《しろみ》と山落場《やまおとしば》】白望山で木を伐る音がしたり、その奥で金の樋《ひ》と金の杓《しゃく》を見たりしたという。山落場の沢には菰莚《こもむしろ》が干してあったという。マヨイガもこの山中にあると信じられた（三三話、三五話、六三話、六四話、拾遺一〇三話、拾遺一一五話～拾遺一一七話）。

【離森《はなれもり》の長者屋敷】長者伝説があり、五つ葉のうつ木《ぎ》の下には宝物があるという。女が現れる（三四話、七五話、七六話、拾遺八話、拾遺一三一話）。

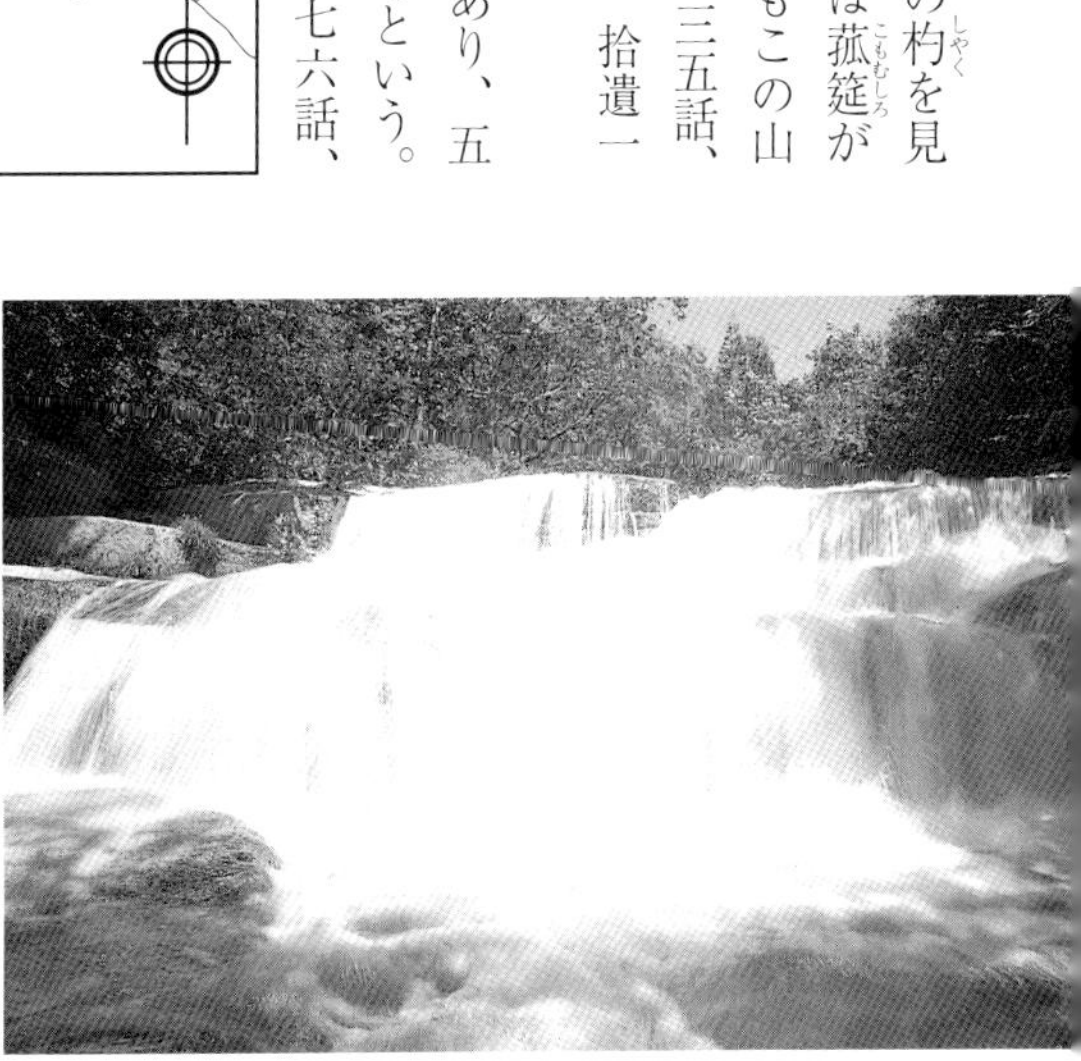
琴畑川の不動の滝（土淵町）　傍らの不動堂に泊まった若者が外に投げ出された（拾遺119話）。

【琴畑《ことはた》】塚の上のカクラサマを子供が遊び物にした。地蔵端《じぞうばた》には地蔵堂があり、琴畑川の不動の滝の側には不動堂がある（七二話、拾遺四九話、拾遺五五話、拾遺一一九話、拾遺一八三話、拾遺一九九話）。

【鍋割《なべわり》】岩根から清水が湧き出てハヤリ神になった（拾遺四四話）。

【久保の観音】子供が久保の馬頭観音で遊んだ（拾遺五一話）。

【ホウリョウとジョウヅカ森】林崎のホウリョウは蛇を祀り、ジョウヅカ森は象を埋めた場所と伝え、ここだけには地震がないという（一一二話、一一三話）。

松崎方面

【遠野郷八幡宮】毎年九月の祭典とあわせて遠野まつりが行われ、獅子《しし》踊《おどり》・南部囃子《ばやし》などの郷土芸能で賑わう（拾遺五八話）。

【福泉寺】佐々木宥尊《ゆうそん》の開山になる真言宗の寺（拾遺八四話）。

【妻《さい》ノ神《かみ》】妻ノ神の山中の小池に悪戯《いたずら》をすると、雨が降るという（拾遺四二話）。

【松崎観音堂】松崎観音は慈覚大師が彫った仏像と伝える。遠野七観音の二番札所（序文）。

【松崎沼跡】今はなくなったが、松崎沼には竜宮から来た鐘が沈んでいるとか、松川姫が入水したとか伝える（拾遺一二三話、拾遺三一話）。

【母也《ぼなり》明神】巫女が娘夫婦を人身御供にした悲話が伝わる（拾遺二八話）。

【向山《むけえやま》と天ケ森】高清水山一帯の南北に伸びる山を向山といい、その北端が天ケ森。天ケ森は天狗森と呼ばれ、天狗が多くいると伝える（九〇話、九一話）。

【寒戸《さむと》の婆】行方知れずになった娘が老婆となって、風の激しく吹く日に帰ってきたという話。サムトは存在しない地名。これを松崎町の登戸《のぼと》とする話もある（八話）。

遠野郷八幡宮（松崎町）

附馬牛《つきもうし》方面

【遠野ふるさと村】曲がり家を移築し、山里の暮らしが体感できる。

【菅原神社】柳田国男が獅子踊を見た天神の山のこと（序文）。

【新山《しんざん》神社】新山神社の祭礼の日、家の権現様が遠野の八幡の権現の片耳を食い切ったという（拾遺五八話）。

【常福院】無尽《むじん》和尚の時に用いられた夫婦釜のうち、雄釜がある（拾遺二二話）。

【東禅寺跡】無尽和尚が東禅寺を建立しようとした時、早池峰に祈願すると、女神が白馬に乗って石の上に現れ、霊泉を与えた。来迎石《らいごうせき》と開慶水《かいけいすい》である。無尽和尚の墓と伝えられる石碑もある（拾遺四〇話、拾遺六七話）。

【早池峰山】早池峰山は霊華を盗んだ末の姫が手に入れた山である。別に早池峰の山の主は三面大黒であり、三面一本脚の怪物だという（二話、二九話、六五話、六六話、拾遺六九話、拾遺九七話、拾遺一二一話、拾遺一二二話、拾遺一一六話など）。

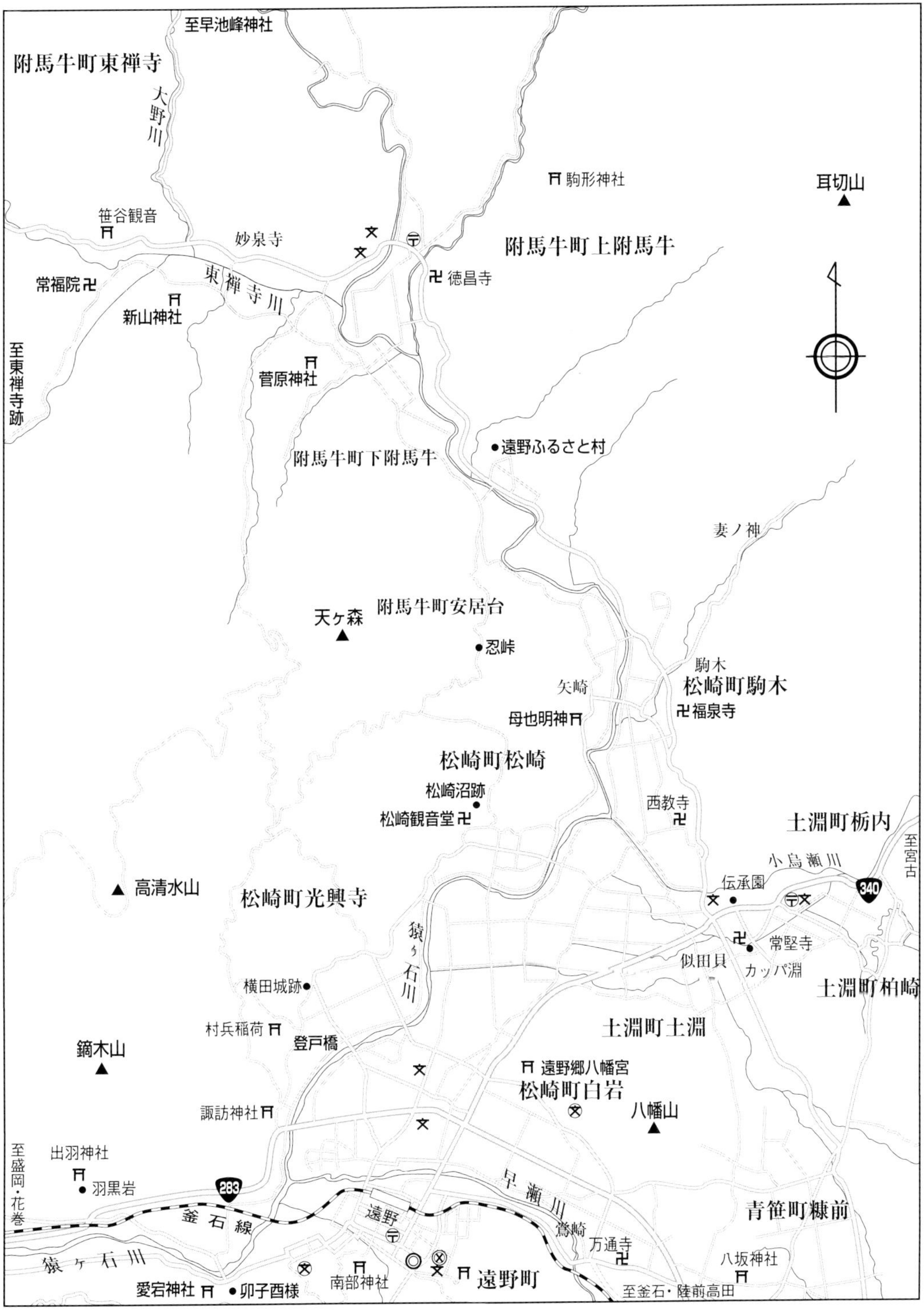
至早池峰神社
附馬牛町東禅寺
大野川
駒形神社
耳切山
笹谷観音
妙泉寺
附馬牛町上附馬牛
常福院
東禅寺川
徳昌寺
新山神社
至東禅寺跡
菅原神社
遠野ふるさと村
附馬牛町下附馬牛
妻ノ神
附馬牛町安居台
天ヶ森
忍峠
駒木
矢崎
松崎町駒木
母也明神
福泉寺
松崎町松崎
松崎沼跡
松崎観音堂
西教寺
土淵町栃内
至宮古
小烏瀬川
伝承園
340
高清水山
松崎町光興寺
猿ヶ石川
常堅寺
似田貝
カッパ淵
土淵町柏崎
横田城跡
土淵町土淵
村兵稲荷
登戸橋
鍋木山
遠野郷八幡宮
松崎町白岩
諏訪神社
八幡山
至盛岡・花巻
出羽神社
羽黒岩
283
早瀬川
釜石線
遠野
鶯崎
万通寺
青笹町糠前
八坂神社
猿ヶ石川
愛宕神社
卯子酉様
南部神社
遠野町
至釜石・陸前高田

主な参考文献

赤坂憲雄『遠野／物語考』（宝島社）
赤坂憲雄『山の精神史――柳田国男の発生』（小学館）
池上隆祐「柳田国男先生の思いで」（『定本柳田国男集月報』）
池上隆祐「柳田国男との出会い（ききて・後藤総一郎）」（『季刊柳田国男研究』）
石井正己『絵と語りから物語を読む』（大修館書店）
石井正己『遠野物語の誕生』（若草書房）
石内徹編『柳田国男『遠野物語』作品論集成』（大空社）
岩崎敏夫『柳田国男と遠野物語』（遠野市立博物館）
岩本由輝『もう一つの遠野物語』（刀水書房）
江田明彦編『復刻遠野新聞』（私家版）
大藤時彦・柳田為正編『柳田国男写真集』（岩崎美術社）
荻野馨編著『伊能嘉矩　年譜　資料　書誌』（遠野物語研究所）
折口信夫『新編折口信夫全集』（中央公論新社）
加藤九祚『天の蛇――ニコライ・ネフスキーの生涯』（河出書房新社）
川島秀一『ザシキワラシの見えるとき――東北の神霊と語り』（三弥井書店）
菊池照雄『遠野物語をゆく』（伝統と現代社）
菊池照雄『山深き遠野の里の物語せよ』（梟社）
菊池照雄『佐々木喜善――遠野伝承の人』（遠野市立博物館）
芸能学会編『折口信夫の世界』（岩崎美術社）
後藤総一郎監修・柳田国男研究会編著『柳田国男伝』（三一書房）
後藤総一郎監修・遠野常民大学編著『注釈遠野物語』（筑摩書房）
小松和彦編『日本昔話研究集成　1』（名著出版）
佐々木喜善『佐々木喜善全集』（遠野市立博物館）
鈴木吉十郎『遠野小誌』（私家版）
鈴木重男『土淵村今昔物語』（私家版）
鈴木棠三「遠野物語拾遺のこと」（『日本民俗誌大系月報』）
高橋喜平『遠野物語考』（創樹社）
高橋甫『柳翁宿今昔』（遠野アドホック）
高柳俊郎『柳田国男の遠野紀行――遠野フォークロア誕生のころ』（遠野常民大学運営委員会）
田中正明『柳田国男書目書影集覧』（岩田書院）
谷川健一編『遠野の民俗と歴史』（三一書房）
遠野常民大学編、遠野物語研究所編『『遠野物語』ゼミナール』（遠野常民大学、遠野物語研究所）
遠野常民大学編、遠野物語研究所編『『遠野物語』ゼミナール講義記録』（遠野常民大学、遠野物語研究所）
遠野市立博物館編『いまに生きる遠野物語資料展』（遠野市立博物館）
遠野市立博物館編『遠野七観音』（遠野市立博物館）
遠野市立博物館編『柳田国男と『遠野物語』』（遠野市立博物館）
遠野市立博物館編『伊能嘉矩――郷土と台湾研究の生涯』（遠野市立博物館）
遠野町地域づくり連絡協議会編『遠野町古蹟残映』（遠野町地域づくり連絡協議会）
内藤正敏『聞き書き遠野物語』（新人物往来社）
内藤正敏『遠野物語の原風景』（筑摩書房）
南部叢書刊行会編『南部叢書』（歴史図書社）
ニコライ・ネフスキー『月と不死』（平凡社）
野村純一・菊池照雄・渋谷勲・米屋陽一編『遠野物語小事典』（ぎょうせい）
三浦佑之『村落伝承論――『遠野物語』から』（五柳書院）
宮田登編集・評伝『新潮日本文学アルバム　柳田国男』（新潮社）
柳田国男『定本柳田国男集』（筑摩書房）
柳田国男『柳田国男全集』（筑摩書房）
山下久男『佐々木喜善先生とその業績』（遠野市教育委員会）
山下久男『雪高き閉伊の遠野の物語せよ』（遠野市立博物館）
山田野理夫『遠野物語の人――わが佐々木喜善伝』（椿書院）
山田野理夫『柳田国男の光と影――佐々木喜善物語』（農山漁村文化協会）

『遠野物語』索引

＊本文（話数の表示があるもの）、図版解説、語り部の話から拾っています。

『遠野物語』が学べる場所

遠野市立図書館・博物館

図書館は、遠野の歴史と民俗、昔話の資料を揃え、折口信夫《おりくちしのぶ》や柳田国男の著述も集めている。博物館は、マルチスクリーンで楽しめる「遠野物語の世界」、遠野の暮らしを「町」「里」「山」に分けて展示した「遠野　人・風土・文化」、『遠野物語』と佐々木喜善《ささききぜん》・伊能嘉矩《いのうかのり》を解説した「遠野物語と現在」のコーナーからなる。博物館では、夏と冬に特別展を催し、特別展にあわせた講座や講演を実施している。主な刊行物は次のとおりである。山下久男『雪高き閉伊の遠野の物語せよ』、岩崎敏夫『柳田国男と遠野物語』、菊池照雄『佐々木喜善――遠野伝承の人』、佐々木喜善『佐々木喜善全集』、遠野市立博物館編『遠野七観音』『柳田国男と『遠野物語』』『東北の郷土人形』『伊能嘉矩――郷土と台湾研究の生涯』『藁のちから――一生藁の中で生きている』『博物館講座講義集』

連絡先　〒〇二八―〇五一五　遠野市東舘町三―九
TEL　〇一九八（六二）二三四〇
FAX　〇一九八（六二）五七五八

＊催し物や刊行物については、直接問い合わせてください。ただし、刊行物が品切れの場合にはご容赦ください。

あとがき

遠野に通うようになって、もう八年が過ぎた。このあたりでこれまでの成果をまとめたいと思っていた。幸いにも、河出書房新社の「ふくろうの本」シリーズに入れてくださるという話を頂戴した。このシリーズならば、見違えるほど様変わりしてきた『遠野物語』の研究を踏まえて、これまでにない案内書を作れるだろうと思った。

この本の特色の一つは、遠野の民俗や歴史一般ではなく、あくまでも、『遠野物語』に限定して、それをビジュアル化するという試みにある。地元・遠野からの発信によって、具体的な場所や人物と対応させてゆくことは、『遠野物語』を読む際の必須の条件になってきている。こうした成果を踏まえれば、具体的な『遠野物語』の世界が実現できるだろうと考えた。

もう一つの特色は、『遠野物語』の発刊に先立つ草稿本・清書本・初校本等の資料について、それを徹底的に分析した成果をとりいれている点にある。この分野の研究は、私が先頭に立って進めてきたという自負もあり、感慨も大きい。そうした資料がカラーの写真で掲載できるわけであるから、それによって、私の立てた仮説の是非が検証されることになるだろうと信ずる。

そうした写真と資料を使って、『遠野物語』の世界を再現するにあたっては、遠野の民俗写真を撮ってこられた浦田穂一氏に撮影をお願いすることができた。また、『遠野物語』を中心とした資料の掲載については、遠野市立博物館の松本武則・佐々木公・小笠原晋・小向裕明・前川さおり・長谷川浩の各氏のお力添えを賜った。さらに、場所や人物の考証、写真の提供では、遠野物語研究所の高柳俊郎・高橋甫・千葉博の各氏に助けていただいた。

なお、本書のなるにあたって、終始心暖まる励ましをくださったのは、編集部の三村泰一氏であった。三村氏とは、旅の文化研究所の「落語にみる江戸の文化」のシリーズでお会いして以来のおつきあいになる。今回も、二度にわたって遠野にごいっしょしていただき、この本の構想を練っていただいた。

妻の季子と娘の久美子とは、『遠野物語』ゼミナールや博物館講座の折に何度も訪ね、遠野は、東京で生まれ育った私どもの第二のふるさとになりつつある。一九九四年の夏には、長期滞在をして、小学校二年生の娘が『わたしの遠野ものがたり』を作ったが、その時の経験がこの本のヒントになったかと思う。

この間、遠野の方々や三村氏とのおつきあい、そして、家族の理解がなければ、こんな幸せな本は作ることができなかったと思う。この場を借りて、みなさまに改めてお礼を申し上げたい。なお、この本と前後して、『遠野物語の誕生』（若草書房）が出ることになっている。あわせてお読みくだされば幸いである。

二〇〇〇年六月六日

田無の自宅にて　石井正己

撮影

浦田穂一

所蔵者・協力者（敬称略）

遠野市立博物館
遠野市立図書館
伊能邦彦
佐々木悦子
佐々木一人
高橋甫
高柳俊郎
田中正明
山下修　ほか

なお、個人蔵については個々に所蔵者を明記しなかった。

掲載資料について、著作権不明の方がございます。ご存じの方がおられましたら、お知らせ下さい。

●著者略歴

石井正己（いしい・まさみ）

一九五八年、東京生まれ。東京学芸大学教授、一橋大学大学院連携教授、柳田國男・松岡家記念館顧問。日本文学・民俗学専攻。最近の単著に『テクストとしての柳田国男』（三弥井書店）、『柳田国男　遠野物語』（NHK出版）、『ビジュアル版日本の昔話百科』（河出書房新社）、『昔話の読み方伝え方を考える』（三弥井書店）、編著に『1964年の東京オリンピック』（河出書房新社）、『柳田国男の故郷七十年』（発売・PHP研究所）、『博物館という装置』（勉誠出版）、『現代に生きる妖怪たち』（三弥井書店）がある。

ふくろうの本

新装版

図説　遠野物語の世界

二〇〇〇年　八　月一七日初版発行
二〇一七年一一月二〇日新装版初版印刷
二〇一七年一一月三〇日新装版初版発行

著者……………………石井正己
本文デザイン…………森枝雄司
装幀……………………松田行正＋杉本聖士
発行者…………………小野寺優
発行……………………河出書房新社
東京都渋谷区千駄ヶ谷二－三二－二
電話　〇三－三四〇四－一二〇一（営業）
　　　〇三－三四〇四－八六一一（編集）
http://www.kawade.co.jp/
印刷……………………大日本印刷株式会社
製本……………………加藤製本株式会社

Printed in Japan
ISBN978-4-309-76266-1
落丁・乱丁本はお取替えいたします。

茂市村
花輪村
津軽石村
重茂村
豊間根村
大沢村
山田町
山田湾
陸
岩
金沢川
金沢村
白見山
織笠村
船越村
船越湾
大槌川
小槌川
初神
古里
立石山
橋野
橋野
中村
早栃
太田林
太田
大槌町
大槌湾
栗橋村
片
仙磐山
1016
鵜住居村
白木温泉
釜石町
釜石湾
甲子村
釜石鑛山線
甲子川
唐丹村
吉濱村
日

遠野郷本書關係略圖